Vogelwild

# Vogelwild

Arto Juvonen · Tomi Muukkonen · Jari Peltomäki · Markus Varesvuo

FREDERKING & THALER

# EIN NEUES ZEITALTER DER VOGELFOTOGRAFIE

Das Festhalten der Wirklichkeit auf Bildern hat eine lange Tradition. Bereits die Steinzeitmenschen bemalten die Wände von Höhlen. Die Fotografie mit ihrer nicht einmal zweihundertjährigen Geschichte gibt es im Gegensatz dazu natürlich erst seit wesentlich kürzerer Zeit. Ansel Adams war der große Meister der Schwarzweißfotografie, Ernst Haas gab der Naturfotografie Farben.

Der Übergang von der analogen zur digitalen Technik hat den Fotografen Möglichkeiten eröffnet, von denen man in der Zeit des Diafilms nicht einmal träumen konnte. Die Technik ist in der Naturfotografie, die durch schnelle Bewegungen und häufig schwaches Licht vor spezielle Herausforderungen gestellt wird, besonders rasant vorangeschritten. Während die lichtempfindlichsten Filme es gerade noch erlaubten, mit einem Stativ und langer Belichtungszeit einen ruhenden Vogel zu fotografieren, kann man heute in einer Tausendstelsekunde oder in noch kürzerer Zeit freihändig scharfe Flugaufnahmen machen. Mit einer Analogkamera konnte man nach Sonnenuntergang kaum mehr brauchbare Fotos von Vögeln schießen, die Digitalkamera ermöglicht es, sie sieht sozusagen alles, was auch das menschliche Auge wahrnimmt. Mit kurzen Verschlusszeiten und starken Objektiven kann man schnelle Bewegungen verewigen und die Flugbahnen der Vögel

in verblüffenden Bildern von ungeahnter Schönheit festhalten. Oder man kann stark abblenden, sodass die große Tiefenschärfe neue Möglichkeiten für die bildliche Erzählung eröffnet.

Der Filmwechsel war langsam, die Entwicklung der Filme teuer und Filmrollen nahmen viel Platz in Anspruch; daher musste man mit Filmaufnahmen sparsam umgehen. Die kleinen, preiswerten und immer wieder verwendbaren Speicherkarten dagegen setzen der Zahl der Aufnahmen keine Grenzen. So können Vogelfotografen Tausende Fotos von einem Objekt machen und dann die besten Aufnahmen auswählen. Bei einer großen Anzahl von Aufnahmen ist die Chance groß, das eine, das beste Foto darunter zu finden. Bei Flugbildern beispielsweise gibt es nie zwei identische Aufnahmen, ob man nun zehn oder tausend gemacht hat.

Sehr nützlich ist auch die Möglichkeit, das Bild auf dem Display der Kamera prüfen zu können. So kann man heute sofort einen neuen Versuch unternehmen und nicht, wie zur Analogzeit, erst nach Tagen, wenn der fotografierte Moment schon längst vorbei ist.

Heutige Digitalfotografien sind jedoch nicht im selben Maß »fertig« wie bei der Verwendung von Diafilmen. Auf der Speicherkarte befindet sich nur die Ausgangsversion des Fotos. Die endgültige, publikationstaugliche Fotografie entsteht am Computer. Hier bietet die sich ständig weiterentwickelnde Technik demjenigen, der sie zu nutzen weiß, bemerkenswerte Möglichkeiten. Im fertigen Bild spiegelt sich die Ausdauer wider, mit der der Fotograf am Computer gesessen hat, und häufig treten noch in dieser Phase der Bildherstellung individuelle Unterschiede zu Tage.

BIENENFRESSER (SEITE 1)
(MEROPS APIASTER)

AUFFLIEGENDES KRANICHPAAR (SEITE 2)
(GRUS GRUS)

EIN UHU RUFT IM MONDSCHEIN
(BUBO BUBO)

JUNGES ROTKEHLCHEN BEIM BAD
(ERITHACUS RUBECULA)

Die Fotografie hat sich grundlegend verändert. Ein Foto ist nicht mehr ausschließlich optische Dokumentation des Augenblicks, in dem die Aufnahme entstand, wie die Definition früher lautete, sondern kann auch ein mit dem Computer geschaffenes fiktives Bild sein. In der Vogelfotografie hat sich die Modifikation von Aufnahmen am Computer jedoch nicht durchgesetzt. Die Gründe liegen in der Faszination des in der Natur erlebten, authentischen Moments und in der Freude darüber, ihn erfolgreich festgehalten zu haben. Auch die Echtheitserwartung, mit der Naturbilder rezipiert werden, spielt sicherlich eine Rolle. So wurde bei den Bildern in diesem Buch nichts Wesentliches entfernt, es sei denn durch die Wahl des Bildausschnitts, und nichts hinzugefügt. Die normalen Ton- und Schärferegulierungen wurden natürlich vorgenommen.

Ein gutes Vogelbild erfordert beinahe jedes Mal Vorbereitungen, oft auch Glück, vor allem aber immer wieder neue Versuche. Je mehr Aufnahmen man vom selben Objekt macht, desto bessere Bilder wird man erhalten. Man darf auch nicht vergessen, wie wichtig es ist, das Objekt zu kennen. Die Fotografen, deren Aufnahmen dieses Buch zeigt, sind erfahrene Vogelfreunde, die sich schon seit ihrer Kindheit für dieses Thema interessierten. Nur wer Vögel gut kennt und die Natur achtet, kann sie fotografisch festhalten, ohne den Lebensraum zu stören.

Die Fotos in diesem Band wurden in erster Linie in Finnland gemacht. Das Licht der nördlichen Natur – in den hellen Sommernächten ebenso wie im Winter, wenn der Schnee als Reflexionsspiegel dient – bietet einzigartige Voraussetzungen für die Entstehung außergewöhnlicher und ansprechender Naturfotos. Diese vom Licht des Nordens geprägten Bilder werden durch viele anderswo in Europa und teils in noch größerer Ferne entstandene, spannende Momentaufnahmen von Vogelarten ergänzt, die ein wenig exotischer sind.

Die Darstellung der Natur im Bild spiegelt ihre eigene Zeit wider und sucht mit Hilfe der Technik nach Ausdrucksformen. Die digitale Technik bietet dieser alten Wahrheit eine neue Dimension, die Möglichkeit, Bilder zu zeigen, die man so bisher noch nie gesehen hat. Zur Fachkenntnis des Naturfotografen gehört das Wissen um seine Vorgänger, nur so ist es ihm möglich, auch bei bekannten Motiven neue Perspektiven zu suchen.

Ich bin überzeugt, dass dieses Buch die Sternstunden der heutigen Vogelfotografie zeigt und es einen Meilenstein in der Geschichte der Naturfotografie darstellt.

KUUSAMOSSA 28. 12. 2008
HANNU HAUTALA
Dr. phil. h. c. · Naturfotograf

Bergfinkenschwarm
(fringilla montifringilla)

Bruchwasserläuferjunges auf der Flucht
(Tringa glareola)

Ein Sperlingskauz ist verwirrt: was war das?
(Glaucidium passerinum)

EIN BARTKAUZ KRATZT SICH
(STRIX NEBULOSA)

KRANICH BEI DER PFLEGE SEINES GEFIEDERS
(GRUS GRUS)

Elster im Spagat
(Pica pica)

Eine Gryllteiste »düngt«
(Cepphus grylle)

Schwarzspecht
(dryocopus martius)

Weissrückenspecht bei der Mahlzeit
(dendrocopos leucotos)

Silbermöwe
(Larus argentatus)

Dreizehenspecht
bei der Arbeit
(Picoides tridactylus)

Ein Eisvogel setzt
zum Sturzflug an
(Alcedo atthis)

Wiedehopf mit aufgerichteter Haube
(upupa epops)

Ein Graureiher verschlingt eine Brachse
(Ardea cinerea)

Balzende Haubentaucher
(Podiceps cristatus)

Krähenscharben bei der Balz
(Phalacrocorax aristotelis)

Schlafender
Raufusskauz
(Aegolius funereus)

Mauerseglerjunge bereit zum
Aufbruch in die weite Welt
(Apus apus)

Ein storch
hat einen barsch erbeutet
(ciconia ciconia)

Ein singschwan »prustet«
(cygnus cygnus)

Trompetender Kranich
(Grus grus)

Schreiende Silbermöwe
(Larus argentatus)

BEKASSINE MIT ELASTISCHEM SCHNABEL
(GALLINAGO GALLINAGO)

DOPPELSCHNEPFE
(GALLINAGO MEDIA)

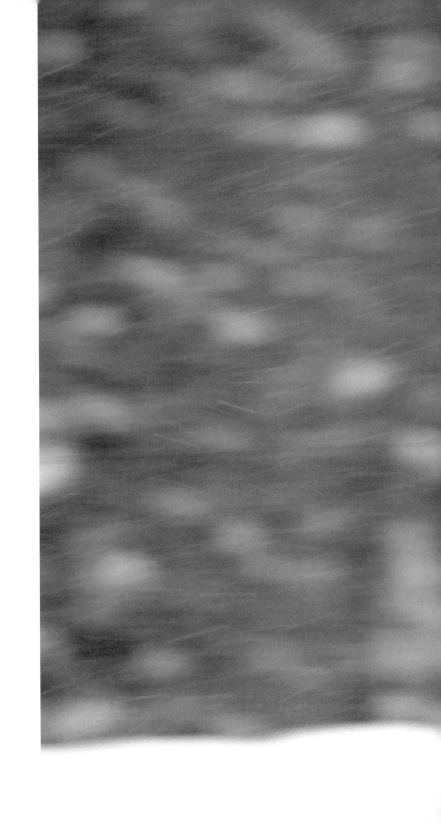

Steinadler bei der Landung
(Aquila chrysaetos)

Schnee-eule auf beutezug
(Bubo scandiacus)
Eine sperbereule schlägt zu
(Surnia ulula)

Ein hakengimpel weicht eine gefrorene Beere auf
(Pinicola enucleator)

Schneeammer bei der Mahlzeit im Strandroggen
(Plectrophenax nivalis)

Moorschneehuhn
(Lagopus lagopus)

Fasan
(Phasianus colchicus)

BARTMEISE
(PANURUS BIARMICUS)

ROHRWEIHENMÄNNCHEN AUF DER JAGD
(CIRCUS AERUGINOSUS)

SUMPFOHREULE
(ASIO FLAMMEUS)

ALPENSCHNEEHUHN
UND SEIN SCHATTEN
(LAGOPUS MUTUS)

Eine zwergmöwe jagt eine zuckmücke
(larus minutus)

Lachmöwe im Sturzflug
(Larus ridibundus)

FLIEGENDER GRAUSPECHT
(PICUS CANUS)

Weisswangengänse
auf dem Weg zum Nachtlager
(BRANTA LEUCOPSIS)

Spiessentenmännchen
(anas acuta)

Löffelentenmännchen beim revierkampf
(anas clypeata)

53

Eine dreizehenmöwe ist auf dem meer daheim
(RISSA TRIDACTYLA)

Tauchende Krähenscharbe
(Phalacrocorax aristotelis)

Prachteiderentenmännchen in der Brandung
(Somateria spectabilis)

Eisenten und Kegelrobben
(Clangula hyemalis, Haliechoerus grypus)

Eisente bei der Landung
(Clangula hyemalis)

Trottellummen in Hülle und Fülle
(Uria aalge)

Basstölpel im Gleitflug
(morus bassanus)

Ein Tordalk nähert sich dem Nistfels
(alca torda)

Eine scheckente trotzt wind und schnee
(polysticta stelleri)

Papageitaucher im schneegestöber
(fratercula arctica)

Eine dreizehenmöwe streift die meeresoberfläche
(RISSA TRIDACTYLA)

Dreizehenmöwe beim Bad
(RISSA TRIDACTYLA)

Eine Bachstelze schnappt eine Zuckmücke
(Motacilla alba)

Eine Rauchschwalbe jagt ein Insekt
(Hirundo rustica)

Schellente bei der Landung
(Bucephala clangula)

Ein Seeadler stürzt sich auf seine Beute
(Haliaeetus albicilla)

Der Flügel eines Grün-
schenkels streift das Wasser
(Tringa nebularia)

Auffliegender Sterntaucher
(Gavia stellata)

72

Eine Fluss-Seeschwalbe schiesst am Ziel vorbei
(Sterna hirundo)

Ein Fischadler schlägt zu
(Pandion haliaetus)

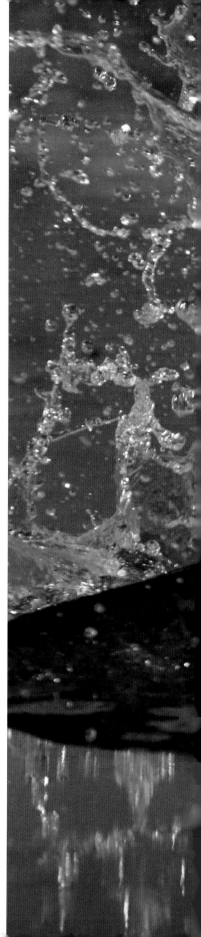

Ein Rothalstaucher füttert sein Junges
(Podiceps grisegena)

Landender Sterntaucher
(Gavia stellata)

Eine Lachmöwe wirft einen Fisch in die Luft
(Larus ridibundus)

Blauracken bei der Brautwerbung
(Coracias garrulus)

Ein Haubentaucherweibchen
fordert zur Paarung auf
(Podiceps cristatus)

Ein Prachttaucher
breitet die Flügel aus
(Gavia arctica)

Temminckstrandläufer bei der Balz
(Calidris temminckii)

Ein Goldregenpfeifer schützt seine Jungen
(Pluvialis apricaria)

Rotfussfalken bei der Paarung
(Falco vespertinus)

Ein Rotfussfalkenmännchen glättet seine Schwanzfedern
(Falco vespertinus)

Ein fitis sammelt rentierhaare als material für sein nest
(PHYLLOSCOPUS TROCHILUS)

Eine Schwanzmeise bringt eine Feder in ihr Nest
(Aegithalos caudatus)

Kleinspecht beim Bau seines Nistlochs
(Dendrocopos minor)

Ein Habicht holt Baumaterial für sein Nest
(Accipiter gentilis)

Auerhuhn und seine Jungen
(Tetrao urogallus)
Ein Kranichjunges späht unter dem Flügel der Mutter hervor
(Grus grus)

Die jungen des schwarzspechts sind schon gross
(Dryocopus martius)

Ein kiefernkreuzschnabel füttert seine jungen mit körnerbrei
(Loxia pytyopsittacus)

Ein Gartenrotschwanzweibchen füttert ein Kuckucksjunges
(Phoenicurus phoenicurus, Cuculus canorus)

Ein Trauerschnäpper fliegt den Nistkasten im Garten an
(Ficedula hypoleuca)

Ein Mauersegler beim abendlichen Ausflug
(Apus apus)

Uferschwalben in ihrer Nisthöhle
(Riparia riparia)

Ein Kuhreiher schnappt eine Fliege
(Bubulcus ibis)

Eissturmvogel in seinem Nistgebiet auf Island
(Fulmarus glacialis)

Ein nonnensteinschmätzer tötet eine Heuschrecke
(oenanthe pleschanka)

Elster auf dem Rückflug vom »Heringsmarkt«
(Pica pica)

Das prächtige Hochzeitsgeschenk eines Bienenfressers
(Merops apiaster)

GARTENROTSCHWANZ BEIM ABSPRUNG
(PHOENICURUS PHOENICURUS)

Ein Grauschnäpper als Beerenpflücker
(Muscicapa striata)

GRÜNLINGE IM KAMPF
(CARDUELIS CHLORIS)

Blaukehlchen beim Balzflug
(Luscinia svecica)

Ein Rotkehlpieper bringt seinen Jungen Futter
(Anthus cervinus)

Grünlinge im Kampf
(Carduelis chloris)

Zwei Steinschmätzer zanken sich um den besten Sitzplatz
(Oenanthe oenanthe)

Streitende Gimpelmännchen
(Pyrrhula pyrrhula)

Die energie des zaunkönigs ist auch in seinem gesang zu hören
(troglodytes troglodytes)

Ein sprosser singt im blühenden apfelbaum
(luscinia luscinia)

WALDLAUBSÄNGER AUF INSEKTENJAGD
(PHYLLOSCOPUS SIBILATRIX)

Altes Blauschwanzmännchen
(Tarsiger cyanurus)

WACHOLDERDROSSEL IM VOGELBEERBAUM
(TURDUS PILARIS)

Seidenschwänze bei der Mahlzeit
(Bombycilla garrulus)

Ein Eichelhäher pflückt Eicheln
(Garrulus glandarius)

Starweibchen an seinem Nistloch
(Sturnus vulgaris)

Die dohle ist ein sogenannter kulturvogel
(CORVUS MONEDULA)

Krähe mit schnapsflasche
(CORVUS CORONE CORNIX)

Ein Sperber ist der Schrecken kleiner Vögel
(Accipiter nisus)

Haussperlinge bei Raubtieralarm
(Passer domesticus)

FASAN IM FLUG
(PHASIANUS COLCHICUS)

AUFFLIEGENDER REBHÜHNERSCHWARM
(PERDIX PERDIX)

Ein Moorschneehuhn saust durch den Wald
(Lagopus lagopus)

Kragenente beim Wellenreiten
(Histrionicus histrionicus)

Ein mornellregenpfeifer dehnt seine Flügel
(Charadrius morinellus)

Falkenraubmöwen warnen
(Stercorarius longicaudus)

Bartkauz auf der Jagd
(strix nebulosa)

Drohgebärde eines Mönchsgeiers
(aegypius monachus)

Kämpfende Gänsegeier
(Gyps fulvus)

Gänsegeier verspeisen ein Schaf
(Gyps fulvus)

WALDOHREULE IM STURZFLUG
(ASIO OTUS)

KORNWEIHE AUF WÜHLMAUSJAGD
(CIRCUS CYANEUS)

Eine schnee-eule hat ein trauerentenjunges erbeutet
(bubo scandiacus)

Der ruf des alpenschneehuhns
(lagopus mutus)

Ein nördlicher Raubwürger »steht« in der Luft
(Lanius excubitor)

Ein Raufussbussard kehrt ohne Beute zurück
(Buteo lagopus)

Ein Baumfalke bringt
seinen Jungen Futter
(Falco subbuteo)

Ein Sperbermännchen
rupft seine Beute
(Accipiter nisus)

Dunkle Wasserläufer bei der Jagd auf Wassermolche
(tringa erythropus)

Ein Meerstrandläufer zieht an einem Wurm
(calidris maritima)

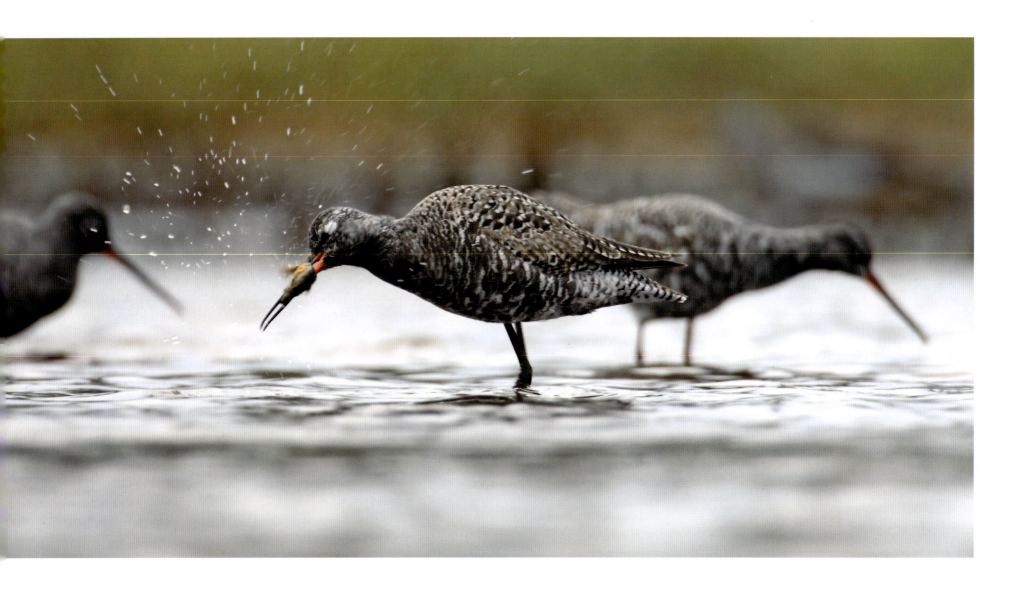

Ein Alpenstrandläufer
dehnt sich
(Calidris alpina)

Ein Austernfischer putzt sich
(Haematopus ostralegus)

Rosapelikane beim Fischen
(pelecanus onocrotalus)

Löffler
bei der Mahlzeit
(Platalea leucorodia)

Sandregenpfeifer
auf Nahrungssuche
(Charadrius hiaticula)

Eine Fluss-Seeschwalbe hat einen Weissfisch gefangen
(Sterna hirundo)
Die Beute eines Fischadlers
(Pandion haliaetus)

Revierkampf der Flussuferläufer
(Actitis hypoleucos)

Eine alte Eismöwe attackiert eine jüngere
(Larus hyperboreus)

KÄMPFENDE SAATGÄNSE
(ANSER FABALIS)

ZWEI STEINWÄLZER ZANKEN SICH
(ARENARIA INTERPRES)

»SYNCHRONSCHWIMMEN« DER BLÄSSHÜHNER
(FULICA ATRA)

Kämpfende Sumpfohreulen
(Asio flammeus)

ZWEI RIESENSEEADLER ZANKEN SICH
(HALIAEETUS PELAGICUS)

Birkhahn im Sprung
(Tetrao tetrix)

Auf dem Balzplatz der Birkhähne
(Tetrao tetrix)

Eine Schmarotzerraubmöwe
bedrängt eine Mantelmöwe
(Stercorarius parasiticus, Larus marinus)

Eine Sturmmöwe jagt eine Fluss-Seeschwalbe
(Larus canus, Sterna hirundo)

Wo landet der Graureiher?
(Ardea cinerea)

Kranich und Fuchs
(Grus grus, Vulpes vulpes)

Gänsesäger und Neunaugen
(Mergus merganser)

Kampf der Gänsesäger um einen Fisch
(Mergus merganser)

Braunsichler
(Plegadis falcinellus)

Dohlen und ein Habicht
(Corvus monedula, Accipiter gentilis)

167

Graureiher im Kampf um eine Mahlzeit
(Ardea cinerea)

Nachtreiher bei der Landung
(Nycticorax nycticorax)

Balzende Austernfischer
(Haematopus ostralegus)

Schafstelzen zanken sich an der Tränke
(Motacilla flava)

Ringeltauben auf dem Herbstzug
(columba palumbus)

Kiebitze
(vanellus vanellus)

173

Morgenflug der weisswangengänse
(branta leucopsis)

Kämpfende küstenseeschwalben
(sterna paradisaea)

175

### Birkhähne (*Tetrao tetrix*) kämpfen um die Herrschaft auf dem Balzplatz

Der April ist in Finnland die beste Zeit, um die Balz der Birkhähne zu fotografieren. Eis und Schnee geben selbst an bewölkten Tagen Licht. Mit der modernen Technik lassen sich die heftigen Kämpfe der Birkhähne auch bei spärlichem Licht festhalten.

Markus Varesvuo, Finnland 4/2008. 500 mm, f 4, 1/800 s, iso 1600

### Bienenfresser (*Merops apiaster*)

Der Bienenfresser ist ein wahrer Akrobat der Lüfte. Er ernährt sich fast ausschließlich von fliegenden Insekten. Die Vögel sitzen oft auf einem Ausguck und jagen blitzschnell ihrer Beute nach. Die Jagd verläuft oft erfolgreich, sie kehren mit einem Insekt auf ihren Ausguck zurück.

Markus Varesvuo / Wild Wonders of Europe,
Pusztaszer, Ungarn 5/2008. 300 mm, f 9, 1/2500 s, iso 1600

### Auffliegendes Kranichpaar (*Grus grus*)

Als großer Vogel hat der Kranich es leicht, seine Umgebung zu beobachten. Er schreitet majestätisch umher und bleibt von Zeit zu Zeit stehen, um sich umzusehen und zu horchen. Obwohl die Umgebung noch schneebedeckt ist, wird das Revier streng bewacht. Beim Ruf anderer Kraniche vom gegenüberliegenden Rand des Moors macht sich das Paar auf, um sie zu vertreiben.

Tomi Muukkonen, Finnland 4/2007. 500 mm, f 8, 1/1600 s, iso 400

### Ein Uhu (*Bubo bubo*) ruft im Mondschein

Der Moment der Aufnahme war grandios: Vollmond über dem Wald, und in den Baumwipfeln ein rufendes Uhu-Paar. Der Himmel war fast klar, doch glücklicherweise zog ein einzelner dünner Wolkenschleier am Mond vorbei und erhellte damit einen größeren Teil des Himmels. Der Mond ist ein relativ kleines Objekt am Himmel. Es ist gar nicht so leicht, den Mond im Hintergrund zu behalten!

Arto Juvonen, Pernaja, Finnland 2/2009. 500 mm + 1,4 x Telekonverter, f 16, 1/100 s, iso 100

### Junges Rotkehlchen (*Erithacus rubecula*) beim Bad

Es ist wichtig, das Gefieder sauber zu halten. Deshalb baden Vögel, glätten und säubern ihre Federn mit dem Schnabel und fetten ihr Gefieder mit dem Sekret der Bürzeldrüse ein, um es wasserabweisend zu machen. Bei dem im Gegenlicht aufgenommenen Badefoto wurde eine sehr lange Verschlusszeit verwendet, um die Flugbahn der Wassertropfen als Lichtbogen festhalten zu können.

Markus Varesvuo, Pusztaszer, Ungarn 7/2006. 500 mm, f 22, 1/10 s, iso 500

### Bergfinkenschwarm (*Fringilla montifringilla*)

Jagende Sperber scheuchten die Tausenden Bergfinken immer wieder auf. Manuelle Fokussierung ist hier die bessere Lösung als die automatische, mit ihr wären die Vögel in der Nähe unscharf.

Tomi Muukkonen, Helsinki, Finnland 10/2008. 500 mm, f 4, 1/800 s, iso 400

### Bruchwasserläuferjunges (*Tringa glareola*) auf der Flucht

Die Bruchwasserläuferjungen sind bereits direkt nach dem Schlüpfen recht selbständig. Das Muttertier füttert sie nicht, versucht aber die Aufmerksamkeit von Eindringlingen auf sich zu ziehen, indem es laut ruft und sich flügellahm stellt. Wenn die Jungen den Warnruf hören, laufen sie in alle Richtungen davon und verstecken sich.

Tomi Muukkonen, Finnmark, Norwegen 6/2007. 500 mm, f 5.6, 1/1000 s, iso 400

### Ein Sperlingskauz (*Glaucidium passerinum*) ist verwirrt: was war das?

Wie es für Käuze typisch ist, dreht der Sperlingskauz den Kopf schnell hin und her, verharrt dann und fixiert das, was sein Interesse geweckt hat. Mit langer Belichtungszeit und viel Glück gelang es, die Bewegung im Foto einzufangen.

Arto Juvonen, Ruotsinpyhtää, Finnland, 1/2007. 500 mm, f 8, 1/20 s, iso 400

### Ein Bartkauz (*Strix nebulosa*) kratzt sich

Im Revier des Bartkauzes herrscht mitten im Sommer friedliche Stimmung. Die Jungen sind gefüttert, und das Kauzweibchen hat Zeit für die Gefiederpflege. Da es sich an die Anwesenheit des Fotografen gewöhnt hat, kann er ihn aus der Nähe fotografieren.

Jari Peltomäki, Liminka, Finnland, 7/2008. 500 mm, f 4.5, 1/320 s, iso 800

### Kranich (*Grus grus*) bei der Pflege seines Gefieders

Der Kranich ist im Allgemeinen ein sehr scheuer Vogel. Der Hornborga-See in Schweden bildet eine Ausnahme, denn dort kann man Kraniche aus kurzer Distanz fotografieren, nicht nur aus Tarnzelten, sondern auch offen von Beobachtungsplätzen aus. Das ist wohl darauf zurückzuführen, dass die Vögel dort seit Jahren gefüttert und in Ruhe gelassen werden.

Jari Peltomäki, Hornborgasjön, Ruotsi 4/2007. 500 mm, f 4, 1/500 s, iso 400

### Elster (*Pica pica*) im Spagat

Man nimmt sich nur selten die Zeit, das prächtige schwarz-weiße und metallisch glänzende Gefieder der Elster zu bewundern. Es ist überraschend schwierig, die vorsichtige Elster zu fotografieren. Das Foto wurde in einer Tarnhütte gemacht, aus der man das Verhalten der Vögel beobachten kann. Auf dem besten Bild der dreitägigen Aufnahmezeit balanciert die Elster im Geäst, und der Wind wirbelt die Federn auf.

Markus Varesvuo, Alicante, Spanien 12/2008. 500 mm, f 9, 1/200 s, iso 500

### EINE GRYLLTEISTE (*Cepphus grylle*) »DÜNGT«

Die Vogelinseln weisen bis hinauf nach Nordnorwegen eine üppige Vegetation auf, was vor allem daran liegt, dass Tausende von Seevögeln mit ihren Exkrementen den Boden düngen, was wiederum das Pflanzenwachstum fördert.

MARKUS VARESVUO, VUOREIJA (VARDØ), NORWEGEN 7/2004. 500 mm, f 7.1, 1/1000 s, iso 160

### SCHWARZSPECHT (*Dryocopus martius*)

Der fast krähengroße Schwarzspecht ist einer der prächtigsten Vögel im finnischen Wald. Sein pechschwarzes Federkleid wird von einem leuchtend roten Scheitel gekrönt. Um den Flug mittelgroßer und kleiner Vögel festhalten zu können, braucht man ausgesprochen kurze Belichtungszeiten. Das Einfangen des Flügelschlags setzt Belichtungszeiten von höchstens 1/2500 Sekunde voraus.

MARKUS VARESVUO, POSIO, FINNLAND, 12/2008. 115 mm, f 3.5, 1/2500 s, iso 1600

### WEISSRÜCKENSPECHT (*Dendrocopos leucotos*) BEI DER MAHLZEIT

Am wohlsten fühlt sich der Weißrückenspecht in Waldgebieten mit vielen vermodernden Laubbäumen. Mit dem Schnabel hackt er tiefe Löcher in den Stamm, um Insekten und Maden aus ihrem Versteck zu holen. Im Gegenlicht kommen die herumfliegenden Holzsplitter am besten zur Geltung.

MARKUS VARESVUO, KOTKA, FINNLAND 1/2009. 800 mm, f 5.6, 1/160 s, iso 1600

### SILBERMÖWE (*Larus argentatus*)

Wenn man mit dem Boot unterwegs ist, um Seeadler zu fotografieren, hat man gute Chancen, auch Aufnahmen von Möwen zu machen. Die fliegende Silbermöwe habe ich mit langer Belichtungszeit aufgenommen, um die Bewegung der Flügel sichtbar zu machen. Der Kopf ist dennoch scharf abgebildet, da der Vogel ihn nicht bewegt.

JARI PELTOMÄKI, FLATANGER, NORWEGEN 7/2007. 70 mm, f 32, 1/30 s, iso 100

### DREIZEHENSPECHT (*Picoides tridactylus*) BEI DER ARBEIT

Das Gehirn des Spechts ist von einer schlagabdämpfenden flüssigen Masse umgeben, damit es die ungeheure Zahl der Schläge, die der Vogel bei der Nahrungssuche täglich macht, unbeschadet übersteht.

MARKUS VARESVUO, OULUNSALO 11/2007. 500 mm + 1,4 x TELEKONVERTER, f 5.6, 1/60 s, iso 1600

### EIN EISVOGEL (*Alcedo atthis*) SETZT ZUM STURZFLUG AN

Während ich in meinem auf Pfählen stehenden Versteck auf den Sonnenaufgang wartete, fotografierte ich den Eisvogel mit langer Belichtungszeit und bekam das erhoffte Bewegungsbild.

TOMI MUUKKONEN, BURGAS, BULGARIEN 9/2008. 500 mm, f 5.6, 1/30 s, iso 100

### WIEDEHOPF (*Upupa epops*) MIT AUFGERICHTETER HAUBE

Der Wiedehopf richtet seine prächtige Haube nur auf, wenn er erregt ist, und außerdem kurz nach jeder Landung. Im Mai in Ungarn fütterten die Wiedehopfweibchen ihre Jungen überraschend oft mit hart gepanzerten Maikäfern.

MARKUS VARESVUO/WILD WONDERS OF EUROPE, PUSZTASZER, UNGARN 5/2008. 500 mm + 2 x TELEKONVERTER, f 10, 1/640 s, iso 500

### EIN GRAUREIHER (*Ardea cinerea*) VERSCHLINGT EINE BRACHSE

Der Graureiher erbeutet erstaunlich große Fische. Die Beute dann zu verschlingen ist schwieriger, als sie zu fangen. Das Schlucken eines großen Fisches ist eine langwierige, von Pausen unterbrochene Prozedur.

ARTO JUVONEN, PORVOO, FINNLAND 4/2009. 500 mm, f 4, 1/1250 s, iso 800

### BALZENDE HAUBENTAUCHER (*Podiceps cristatus*)

»Darf ich bitten, gnädige Frau?« Beim Balzritual präsentieren die Haubentaucher ihre Federhaube und schütteln den Kopf. Das Bild hält die Bewegung in einem interessanten Moment fest.

ARTO JUVONEN, PERNAJA, FINNLAND 5/2007. 500 mm + 1,4 TELEKONVERTER, f 9, 1/500 s, iso 200

### KRÄHENSCHARBEN (*Phalacrocorax aristotelis*) BEI DER BALZ

Der zeitige Frühling auf dem Vogelberg bietet dem Fotografen ganz besondere Möglichkeiten. Die Krähenscharbe hat nur für kurze Zeit im Frühjahr eine prächtige Haube über dem Nistgefieder. Die so geschmückten Krähenscharben krächzen hässlich, bieten aber bei ihren Balzritualen einen lustigen Anblick.

JARI PELTOMÄKI, VUOREIJA (VARDØ), NORWEGEN 4/2008. 500 mm, f 11, 1/125 s, iso 800

### SCHLAFENDER RAUFUSSKAUZ (*Aegolius funereus*)

Der Raufußkauz hatte so großes Zutrauen zu dem Fotografen gefasst, dass er beschloss, zwischendurch ein Nickerchen zu halten.

TOMI MUUKKONEN, KUUSAMO, FINNLAND 6/2007. 500 mm, f 8, 1/320 s, iso 400

### MAUERSEGLERJUNGE (*Apus apus*) BEREIT ZUM AUFBRUCH IN DIE WEITE WELT

Die Mauerseglerjungen waren schon seit einer Woche zum Aufbruch bereit. Am Tag, nachdem dieses Bild gemacht worden war, hörte es endlich auf zu regnen, und die Jungen flogen in Richtung Afrika davon. Untersuchungen zufolge fliegen die Jungen aus, wenn das Muttertier nicht da ist, und kehren nicht mehr zum Nest zurück.

ARTO JUVONEN, PERNAJA, FINNLAND 8/2008. 500 mm + 2 x TELEKONVERTER, f 8, 1/500 s, iso 800

### Ein Storch (*Ciconia ciconia*) hat einen Barsch erbeutet

Bei der Aufnahme des Storchs im letzten Tageslicht habe ich eine lange Belichtungszeit verwendet, damit der Fisch gut zu sehen ist. Es war schwierig, den hin und her schwingenden Kopf des Fisches im Bild zu behalten, geschweige denn zu fokussieren.

Tomi Muukkonen, Nida, Litauen 9/2006. 500 mm + 1,4 x Telekonverter, f 5.6, 1/1000 s, iso 400

### Ein Singschwan (*Cygnus cygnus*) »prustet«

Von meinem Versteck aus konnte ich die Nahrungsaufnahme des Singschwans aus nächster Nähe beobachten. Er blies Luft durch die Lamellen, als sein Schnabel unter Wasser war. Der Moment war bald vorbei, doch die in schwierigem Gegenlicht gemachten Aufnahmen gelangen. Es war ein tolles Erlebnis, diesem Vogel Auge in Auge gegenüberzustehen, wenn auch durch die Linse der Kamera.

Tomi Muukkonen, Kuusamo, Finnland 4/2007. 500 mm + 1,4 x Telekonverter, f 11, 1/400 s, iso 400

### Trompetender Kranich (*Grus grus*)

Ich fotografiere Vögel, weil ich sie schön finde. Wenn ich nahe genug an sie herankomme, kann ich meiner Kreativität freien Lauf lassen und interessante Einzelheiten und Federmuster fotografieren. Am besten kommt man den Vögeln nahe, indem man von einer Tarnhütte aus fotografiert.

Jari Peltomäki, Hornborgasjön, Schweden 4/2007. 500 mm + 1,4 x Telekonverter, f 11, 1/1000 s, iso 400

### Schreiende Silbermöwe (*Larus argentatus*)

Die Silbermöwen festigen ihre Zweierbeziehung durch ein gemeinsames Balzritual. Beide Vögel senken zunächst ihren Schnabel zwischen den Füßen zu Boden und strecken ihn dann langsam wieder in die Höhe. Dabei schreien sie laut und ohne Unterlass.

Markus Varesvuo, Sodankylä, Finnland 5/2008. 500 mm + 2 x Telekonverter, f 18, 1/500 s, iso 800

### Bekassine (*Gallinago gallinago*) mit elastischem Schnabel

Alle Schnepfenvögel besitzen die überraschende Fähigkeit, den Oberschnabel in die Höhe zu biegen. Bis heute ist völlig unklar, wozu sie diese Eigenschaft benötigen. Der bekanntesten Hypothese nach nutzen sie ihren gebogenen Schnabel, um in der Erde nach Insekten zu wühlen. So können sie diese besser erreichen.

Markus Varesvuo, Reykjavik, Island 6/2006. 500 mm, f 7.1, 1/500 s, iso 400

### Doppelschnepfe (*Gallinago media*)

In manchen Jahren verhalten sich die jungen Doppelschnepfen im Herbst ausgesprochen furchtlos, so auch dieses Exemplar. Mit ihrem biegsamen und sensiblen Schnabel finden die Schnepfenvögel im Schlamm Futter. Auf dem Foto scheint die Doppelschnepfe zu gähnen.

Jari Peltomäki, Helsinki, Finnland 9/2005. 500 mm, f 4, 1/500 s, iso 800

### Steinadler (*Aquila chrysaetos*) bei der Landung

Ein Steinadler landete auf dem Futterplatz. Es begann bereits zu dämmern, und ich wollte versuchen, den fliegenden Adler mit langer Verschlusszeit zu fotografieren. Auf dem Bild sieht man die Bewegung der Flügel; auch die quer verlaufenden Schnüre des fallenden Schnees und der unscharfe Hintergrund machen die Bewegung sichtbar. Der Kopf des Adlers zeichnet sich dennoch scharf genug ab.

Jari Peltomäki, Utajärvi, Finnland 1/2008. 300 mm, f 4.5, 1/60 s, iso 400

### Schnee-Eule (*Bubo scandiacus*) auf Beutezug

Schnee-Eulen kommen in Skandinavien heute nur noch in geringer Zahl vor. Im Tundragebiet Nordamerikas vermehren sie sich dagegen weiterhin regelmäßig. Von dort ziehen vor allem die jungen Vögel häufig über den Winter nach Süden in die großen Anbaugebiete Kanadas.

Jari Peltomäki, Montreal, Kanada 3/2009. 500 mm, f 9, 1/2000 s, iso 400

### Eine Sperbereule (*Surnia ulula*) schlägt zu

Die Sperbereule lässt sich nicht vom Menschen abschrecken, wenn Beute in Sicht ist. Sie stürzt sich mit hoher Geschwindigkeit auf eine Wühlmaus. Man sieht nur den Schnee aufstieben, und schon ist die Jagd vorbei. Die Eule schlägt einen Bogen und fliegt zurück auf ihren Ausguck im Baumwipfel.

Tomi Muukkonen, Vaala, Finnland 3/2007. 400 mm, f 11, 1/3200 s, iso 800

### Ein Hakengimpel (*Pinicola enucleator*) weicht eine gefrorene Beere auf

Im Winter sind Vogelbeeren bzw. deren Kerne die Hauptnahrung des Hakengimpels. Bei 30 Grad unter Null sind die Beeren steinhart gefroren, und der Hakengimpel muss sie eine Weile im Schnabel rollen, damit sie so weich werden, dass er an ihre Kerne kommt. Die lange Belichtungszeit macht sichtbar, wie sich die Beere im Schnabel dreht.

Markus Varesvuo, Liminka, Finnland 1/2003. 500 mm, f 4, 1/200 s, iso 200

### Schneeammer (*Plectrophenax nivalis*) bei der Mahlzeit im Strandroggen

Die Schneeammern treffen in den ersten Apriltagen an den Ufern der Finnmark ein. Zu dieser Zeit herrschen noch ausgesprochen winterliche Verhältnisse. Das Foto zeigt ein Männchen bei heftigem Wind und Schneegestöber beim Fressen im Strandroggen. Der Fotograf musste in diesen arktischen Verhältnissen durch kniehohen Schnee waten.

Jari Peltomäki, Västra Jakobselv, Norwegen 4/2006. 500 mm, f 7.1, 1/1000 s, iso 400

### Moorschneehuhn (*Lagopus lagopus*)

Das Moorschneehuhn ist bisweilen ein ausgesprochen furchtloser Vogel. Dieses Exemplar ließ sich aus einigen Metern Entfernung fotografieren. Wenn ich ihm zu nahe kam, lief es ein kleines Stück weiter und setzte seine Mahlzeit in aller Ruhe fort.

Markus Varesvuo, Utsjoki, Finnland 4/2007. 500 mm, f 14, 1/2500 s, iso 500

### Fasan (*Phasianus colchicus*)

Die Sonne ging gerade auf, und die Schneedecke glitzerte im strengen Frost, als sich zwei Fasane dem Futterplatz bei einem Einfamilienhaus näherten. Eigentlich war ich unterwegs, um einen Bartkauz zu fotografieren, doch das Licht war so fantastisch, dass ich einfach anhalten und fotografieren musste. Bald kam der Hausherr im Bademantel heraus, um zum Briefkasten zu gehen, und die Fasane liefen davon.

Tomi Muukkonen, Helsinki, Finnland 3/2008. 500 mm, f 4, 1/1600 s, iso 320

### Bartmeise (*Panurus biarmicus*)

Im kalten Winter ernähren sich Bartmeisen fast ausschließlich von Schilfrohrsamen. Beim Fressen krallen sie sich entweder an den Rispen fest und pulen den Samen heraus oder sie laufen zwischen den Schilfrohrstängeln über das Eis und picken die heruntergefallenen Samenkörner auf. Die kurzen Flügel der Bartmeise sind für das Herumflattern im dichten Röhricht wie geschaffen.

Markus Varesvuo, Espoo, Finnland 2/2009. 800 mm, f 9, 1/2500 s, iso 1000

### Rohrweihenmännchen (*Circus aeruginosus*) auf der Jagd

Manchmal hat man Glück! Ich hatte zeitig im Frühjahr mein Zelt am Rand einer kleinen eisfreien Stelle aufgeschlagen, um von diesem Versteck aus Schellenten, Graureiher und Graugänse zu fotografieren. Da sah ich aus den Augenwinkeln, dass ein Rohrweihenmännchen mit seiner Beute im Röhricht unweit meines Verstecks landete. Gleich darauf erschien dort ein Weibchen, dem das Männchen die Beute schenkte. Das Männchen flog auf und kreiste eine ganze Weile über dem Weibchen, sodass ich viele gute Aufnahmen machen konnte. Das vom Eis reflektierte Licht krönte das Ganze. Das ist das Schöne bei der Naturfotografie: Man kann nie vorhersagen, was einem ein Tag im Versteck beschert.

Markus Varesvuo, Porvoo, Finnland 4/2006. 500 mm, f 4, 1/1600 s, iso 400

### Sumpfohreule (*Asio flammeus*)

In den letzten Sonnenstrahlen des Tages stieß eine Sumpfohreule auf den Acker nieder, aber erwischte die Wühlmaus, die sie jagte, nicht. Sie blieb quälend lang dort sitzen, bis sie schließlich direkt auf mich zu flog. Das beste Foto des Frühjahrs, und mein Kollege schüttelte mir die Hand.

Tomi Muukkonen, Liminka, Finnland 4/2008. 500 mm, f 7.1, 1/1600 s, iso 400

### Alpenschneehuhn (*Lagopus mutus*) und sein Schatten

Den größten Teil des Jahres lebt das Alpenschneehuhn still und zurückgezogen und ist dank seiner hervorragenden Tarnfarbe schwer zu sehen. Gegen Ende April postieren sich die Vogelmännchen gut sichtbar auf ihren Reviersteinen und stoßen ihren typischen knarrenden Balzruf aus. In dieser Zeit sind sie ausgesprochen auffällig und furchtlos. Hinzu kommen das überreiche Licht des Frühjahrs und der blendend weiße Schnee – ein Traum für den Fotografen.

Markus Varesvuo, Utsjoki, Finnland 4/2005. 500 mm, f 6.3, 1/4000 s, iso 250

### Eine Zwergmöwe (*Larus minutus*) jagt eine Zuckmücke

An kühlen Sommerabenden fliegen die Mücken nicht. Die Zwergmöwen patrouillieren über dem See und suchen nach Insekten, die sich zwischen den Schachtelhalmen verstecken.

Arto Juvonen, Pukkila, Finnland 6/2008. 500 mm 1,4 x Telekonverter, f 5.6, 1/2500 s, iso 500

### Lachmöwe (*Larus ridibundus*) im Sturzflug

Indem man Vögel von der Wasseroberfläche aus fotografiert, erhält man eine neue Perspektive. In dieser Situation stand ich im Wasser, und die Kamera befand sich auf einem Schwimmer auf dem Wasser. Die Lachmöwen tauchten in der Stromschnelle nach Weißfischen.

Arto Juvonen, Pernaja 6/2008. 500 mm, f 4.5, 1/3200 s, iso 1250

### Fliegender Grauspecht (*Picus canus*)

Zwar fliegen Spechte verhältnismäßig langsam, doch da ihre Flugbahn wellenförmig verläuft, ist es dennoch nicht leicht, sie im Flug zu fotografieren. Gerade, wenn man den Vogel im Sucher hat, lässt er sich fallen, und der Fokus verschiebt sich auf die Baumwipfel. Ich war sehr zufrieden, als es mir gelang, einen wie eine Rakete vorbeischießenden Grauspecht vor dem Hintergrund des Meeres zu fotografieren.

Tomi Muukkonen, Hanko, Finnland 10/2008. 400 mm, f 5.6, 1/2500 s, iso 400

### Weisswangengänse (*Branta leucopsis*) auf dem Weg zum Nachtlager

In Helsinki und der näheren Umgebung nisten heutzutage einige Tausend Weißwangengänse. Im Herbst sammeln sich die Weibchen und ihre Jungen auf den Äckern der näheren Umgebung zum Weiden. Mitunter umfassen diese Schwärme mehrere Tausend Vögel. Sie fressen oft noch lange nach Sonnenuntergang und fliegen dann wie auf Befehl gemeinsam laut schnatternd durch die Abenddämmerung zu ihren Schlafplätzen auf den äußeren Klippeninseln.

Markus Varesvuo, Helsinki, Finnland 10/2008. 35 mm, f 2, 1/50 s, iso 3200

### Spiessentenmännchen (*Anas acuta*)

Hokkaido, die Nordinsel Japans, ist ein hervorragender Ort, um Spießenten zu fotografieren. Sie haben sich dort daran gewöhnt, gefüttert zu werden, und haben keine Scheu vor Menschen. Außerdem sind die winterlichen Lichtverhältnisse ausgezeichnet, und der Schnee, der die Erde bedeckt, wirft Licht auf den Bauch der Vögel.

Jari Peltomäki, Hokkaido, Japan 2/2008. 500 mm, f 9, 1/1600 s, iso 400

### Löffelentenmännchen (*Anas clypeata*) beim Revierkampf

Auf dem Foto wirken die Löffelentenmännchen ausgelassen. Tatsächlich geht es um Reviergrenzen. Aus dem Verhalten der Vögel konnte man schließen, dass bald etwas passieren würde. Als das eine Männchen neben das andere flog und laut rief, wusste ich, dass es gleich etwas zu fotografieren gibt.

Arto Juvonen, Loviisa, Finnland 5/2009. 500 mm + 1.4 x Telekonverter, f 6.3, 1/2500 s, iso 2000

### Eine Dreizehenmöwe (*Rissa tridactyla*) ist auf dem Meer daheim

Nicht immer muss der Vogel das ganze Bild füllen. Auf diesem Foto hebt die kleine Gestalt des Vogels die Kraft des Meeres hervor.

Tomi Muukkonen, Finnmark, Norwegen 3/2007. 500 mm, f 7.1, 1/640 s, iso 400

### Tauchende Krähenscharbe (*Phalacrocorax aristotelis*)

Vögel haben unterschiedliche Tauchstile. Sturztaucher, wie etwa Seeschwalben und Fischadler, lassen sich in voller Fahrt aus der Luft ins Wasser fallen. Seetaucher gleiten geschmeidig mit dem Kopf voran unter Wasser. Die Krähenscharbe gehört zu den Vogelarten, die vom Wasser abheben, sodass sie einen Augenblick lang ganz in der Luft sind, bevor sie mit dem Kopf voran tauchen.

Markus Varesvuo, Vuoreija (Vardø), Norwegen 4/2006. 500 mm + 1,4 x Telekonverter, f 5.6, 1/800 s, iso 500

### Prachteiderentenmännchen (*Somateria spectabilis*) in der Brandung

Nordnorwegen ist wohl die beste Gegend, um diesen in Sibirien nistenden, schönen arktischen Wasservogel zu fotografieren. Die Prachteiderenten verlassen ihre arktischen Nistgebiete, um im verhältnismäßig milden Klima der Barentssee zu überwintern. Schwimmende Vögel kann man sogar in den Hafenbecken fotografieren, während Flugaufnahmen vom Boot aus am besten gelingen.

Jari Peltomäki, Båtsfjord, Norwegen 4/2008. 500 mm + 1,4 x Telekonverter, f 6.3, 1/1300 s, iso 800

### Eisenten (*Clangula hyemalis*) und Kegelrobben (*Haliechoerus grypus*)

Im Mai ziehen die Eisentenschwärme am Finnischen Meerbusen entlang in ihre arktischen Nistgebiete. Auf dem Foto passiert ein Eisentenschwarm eine Klippeninsel, auf der sich die Kegelrobben während des Haarwechsels aufhalten.

Arto Juvonen, Porvoo, Finnland 5/2008. 500 mm, f 4, 1/2500 s, iso 500

### Eisente (*Clangula hyemalis*) bei der Landung

Die Eisente ist ein außergewöhnlicher Vogel, im Lauf eines Jahres trägt er drei deutlich unterschiedliche Federkleider. Das Männchen hat dabei immer lange Schwanzfedern. Im Frühsommer 2006 fotografierte ich aus einem Tarnzelt an einem kleinen See das Balzfieber der in ihr Sommergewand gekleideten Eisenten. Die Männchen jagten sich gegenseitig und versuchten, die auf dem See versammelten Weibchen zu beeindrucken. An diesem Tag waren unzählige Abflüge und Landungen zu beobachten.

Markus Varesvuo, Myvatn, Island 6/2006. 500 mm, f 5.6, 1/1250 s, iso 500

### Trottellummen (*Uria aalge*) in Hülle und Fülle

Auf der Vogelinsel Hornøya vor Vardo nistet die größte Trottellummengemeinschaft Norwegens. Die Vögel treffen bereits im März/April auf der Insel ein. Dann kann man große Flugmanöver beobachten, denn die meisten Lummen sind gleichzeitig in der Luft.

Jari Peltomäki, Vuoreija (Vardø), Norwegen 4/2009. 200 mm, f 13, 1/1600 s, iso 800

### Basstölpel (*Morus bassanus*) im Gleitflug

Das weiche Licht der hellen Sommernacht im Norden erleichtert es, den weißen Basstölpel vor dem Hintergrund des dunklen Wassers zu fotografieren. Die Aufnahme wurde mit relativ langer Belichtungszeit gemacht, wobei die Kamera bei kontinuierlicher Fokussierung dem fliegenden Vogel folgte. Daraus ergaben sich ein scharf gezeichneter Basstölpel und interessante Bewegungen im Wasserhintergrund.

Markus Varesvuo, Langanäs, Island 6/2006. 500 mm, f 4, 1/400 s, iso 640

### Ein Tordalk (*Alca torda*) nähert sich dem Nistfels

Die Alkvögel sind sehr schnelle Flieger. Selbst mit modernen Kameras ist es sehr schwierig, eine Nahaufnahme von einem fliegenden Tordalk vor dem Hintergrund des Meeres zu machen. Dieses Foto entstand auf dem Nistfels vor Beginn der Nistzeit, als der größte Teil der Insel noch von Schnee bedeckt war. Der Schnee macht das Licht gleichmäßig, zudem wird das Fotografieren dadurch erleichtert, dass der Tordalk seine Geschwindigkeit stark drosselt, bevor er auf dem Felsenvorsprung landet.

Markus Varesvuo, Vuoreija (Vardø), Norwegen 4/2009. 500 mm, f 6.3, 1/2500 s, iso 1600

### Eine Scheckente (*Polysticta stelleri*) trotzt Wind und Schnee

Die Varanger-Halbinsel ist das wichtigste Überwinterungsgebiet der Scheckenten. Dort lässt sich im März/April dieser besondere, in den arktischen Gebieten Russlands nistende Wasservogel am besten fotografieren. Die Zahl der Scheckenten hat sich in den letzten Jahren verringert.

Jari Peltomäki, Båtsfjord, Norwegen 4/2008. 500 mm, f 5, 1/1300 s, iso 1250

### Papageitaucher (*Fratercula arctica*) im Schneegestöber

Eine exotische Kombination: Papageitaucher und Schneegestöber. Man findet sie auf der Vogelinsel Hornøya in Vardø in Nordnorwegen, wo die Papageitaucher bereits Ende März eintreffen und der Schnee meist bis weit in den April liegen bleibt. Dank der recht langen Verschlusszeit bilden die fallenden Schneeflocken auf dem Foto lange Linien, die den Eindruck heftigen Schneetreibens vermitteln.

Jari Peltomäki, Hornøya, Norwegen 4/2008. 500 mm, f 16, 1/60 s, iso 800

### Eine Dreizehenmöwe (*Rissa tridactyla*) streift die Meeresoberfläche

Vom fahrenden Boot aus fotografierte ich Dreizehenmöwen, die auf der Wasserfläche etwas jagten. Die vom Wasser reflektierten Strahlen machten das Licht gleichmäßig, und der Bildwinkel war nicht zu sehr von oben nach schräg unten gerichtet.

Tomi Muukkonen, Finnmark, Nowegen 4/2006. 500 mm, f 4, 1/1000 s, iso 500

### Dreizehenmöwe (*Rissa tridactyla*) beim Bad

Die Dreizehenmöwen säuberten sich im Süßwasser. Der kleine Teich bot sich an, sie dabei zu fotografieren, weil ich mit der Kamera nah an die Wasserfläche herankam.

Tomi Muukkonen, Finnmark, Norwegen 8/2004. 300 mm +2 x Telekonverter, f 7.1, 1/1600 s, iso 200

### Eine Bachstelze (*Motacilla alba*) schnappt eine Zuckmücke

Ich war gerade dabei, in einem Feuchtgebiet Regenpfeifer zu fotografieren. Es enstand ein neues Motiv, als vor meinem Unterstand Bachstelzen erschienen, die Jagd auf schlüpfende Zuckmücken machten. Der Jungfernflug einer gerade geschlüpften Zuckmücke endet im Schnabel der Bachstelze.

Arto Juvonen, Loviisa, Finnland 9/2007. 500 mm, f 4.5, 1/2500 s, iso 800

### Eine Rauchschwalbe (*Hirundo rustica*) jagt ein Insekt

Die flach über dem Wasser fliegende Rauchschwalbe stellte die automatische Scharfstellung der Kamera vor große Anforderungen, denn der Fokus richtete sich immer wieder auf das im Hintergrund wogende Wasser. Nach zwei Stunden und 17 Gigabytes bekam ich jedoch das perfekte Foto von der schnellen Nahrungsaufnahme der Schwalbe.

Jari Peltomäki, Liminka, Finnland 5/2007. 300 mm, f 3.5, 1/3200 s, iso 400

### Schellente (*Bucephala clangula*) bei der Landung

Ein gutes Foto erfordert oft Glück und Können. Zum Können gehörte es, das Versteck am Rand einer eisfreien Stelle so auszurichten, dass das Licht der Morgensonne von hinten auf die Vögel fiel und sich entweder der dunkle Wald oder das gelbe Uferschilfrohr im Wasser widerspiegelte. Das Glück bestand darin, dass der Bewohner eines nahe gelegenen Ferienhauses ans Ufer trat, denn daraufhin flogen die schwimmenden Schellenten auf, und eine landete unmittelbar vor meinem Versteck.

Markus Varesvuo, Porvoo, Finnland 4/2006. 500 mm + 1,4 x Telekonverter, f 5.6, 1/1250 s, iso 500

### Ein Seeadler (*Haliaeetus albicilla*) stürzt sich auf seine Beute

Unmittelbar bevor er seine Beute erwischt, streckt der alte Seeadler die Beine aus. Seeadler sind an sich ziemlich schlechte Jäger; sie fressen häufig Aas und rauben oft auch Möwen, Raben oder Fischadlern die Beute.

Jari Peltomäki, Flatanger, Norwegen 8/2005. 300 mm, f 6.3, 1/2000 s, iso 400

### Der Flügel eines Grünschenkels (*Tringa nebularia*) streift das Wasser

Beim Fotografieren des Grünschenkels stellte ich den Fokus auf Spot-Messung ein, damit er sich nicht auf die Wasserfläche im Hintergrund einstellte, sondern auf dem Vogel blieb.

Tomi Muukkonen, Sodankylä, Finnland 6/2008. 500 mm, f 7.1, 1/1300 s, iso 400

### Auffliegender Sterntaucher (*Gavia stellata*)

Das Licht reichte nicht aus, um das Auffliegen des Sterntauchers im Standbild festzuhalten. Deshalb beschloss ich, ein Bewegungsbild mit relativ langer Belichtungszeit zu machen. Zum Glück konnte ich mehrere Versuche unternehmen und bekam einige gelungene Aufnahmen.

Jari Peltomäki, Valkeala, Finnland 8/2004. 300 mm + 2 x Telekonverter, f 9, 1/125 s, iso 500

### Eine Fluss-Seeschwalbe (*Sterna hirundo*) schiesst am Ziel vorbei

Ein Schlag aufs Wasser veranlasst Weißfische mitunter, in die Luft zu schnellen. Manchmal sieht man eine große Anzahl von Weißfischen gleichzeitig springen. Dem Fisch auf dem Foto hat der Sprung vielleicht das Leben gerettet. Die Fluss-Seeschwalbe ging jedenfalls leer aus.

Arto Juvonen, Pernaja, Finnland 5/2008. 500 mm, f 8, 1/2500 s, iso 800

### Ein Fischadler (*Pandion haliaetus*) schlägt zu

Nachdem ich in meinem Versteck fast zwei Tage auf die Sonne gewartet hatte, lichtete sich der Nebel endlich. Dann und wann schlugen die Fischadler zu. Ich hatte vor, einen möglichst großen Fisch in den Klauen eines Fischadlers zu fotografieren, aber mein bestes Fischadlerbild entstand am Ende der Session, als das Wasser aufspritzte.

Tomi Muukkonen, Pohtiolampi, Kangasala, Finnland 4/2009. 400 mm, f 6.3, 1/2700 s, iso 400

### Ein Rothalstaucher (*Podiceps grisegena*) füttert sein Junges

Das Rothalstaucherweibchen gab seinem halbwüchsigen Jungen einen Fisch. Ich befand mich hinter einem Schwimmer im Wasser. Mit der perfekten Position zum Fotografieren war es aber bald vorbei, denn ich hatte meine Rückseite nicht getarnt, und das Rothalstauchermännchen, das mit dem zweiten Jungen von hinten herankam, warnte.

Arto Juvonen, Pukkila, Finnland 7/2008. 500 mm + 1,4 x Telekonverter, f 6.3, 1/1600 s, iso 500

### Landender Sterntaucher (*Gavia stellata*)

Sterntaucher nisten an kleinen Moortümpeln, in denen es keine Fische gibt. Deshalb müssen die erwachsenen Vögel das Futter für ihre Jungen in größeren Gewässern holen. Die Nisttümpel sind oft so klein, dass die Vögel im Bogen anfliegen und heftig bremsen müssen, um nicht ins Ufergras zu rutschen.

Jari Peltomäki, Vaala, Finnland 7/2004. 300 mm + 1,4 x Telekonverter, f 4, 1/800 s, iso 400

### Eine Lachmöwe (*Larus ridibundus*) wirft einen Fisch in die Luft

Diese Lachmöwe war eine Virtuosin. Nach dem Auftauchen schleuderte sie den Weißfisch, den sie am Schwanz gepackt hatte, so in die Luft, dass er mit dem Kopf voran in ihrem Schnabel landete. So konnte sie ihn besser schlucken.

Arto Juvonen, Pernaja, Finnland 6/2008. 500 mm, f 4.5, 1/2500 s, iso 640

### Blauracken (*Coracias garrulus*) bei der Brautwerbung

Es gehört zum Werberitual der Blauracken, dass das Männchen das Weibchen füttert, worauf meist die Paarung folgt. Das Männchen auf dem Foto hatte dem Weibchen gerade eine Maus als Brautgeschenk gebracht, doch das Weibchen weigerte sich, sie anzunehmen. Das frustrierte Männchen warf die Maus einige Male in die Luft und fraß sie schließlich selbst. Zur Paarung kam es danach nicht.

Jari Peltomäki, Pusztaszer, Ungarn 5/2007. 300 mm, f 7.1, 1/1300 s, iso 800

### Ein Haubentaucherweibchen (*Podiceps cristatus*) fordert zur Paarung auf

Das Haubentaucherweibchen fordert das Männchen zur Paarung auf, indem es sich auf die Nistfläche legt. Um die Einladung zu bekräftigen, steht es mehrmals auf, lässt den Kopf hängen und schüttelt die Flügel. Das Männchen ist jedoch nicht leicht zu verführen – das Weibchen muss die Einladung oft überraschend lange vorbringen.

Arto Juvonen, Lapinjärvi, Finnland 5/2008. 500 mm, f 4, 1/2000, iso 640

### Ein Prachttaucher (*Gavia arctica*) breitet die Flügel aus

Wie andere Wasservögel auch, erhebt sich der Prachttaucher oft halb aus dem Wasser, um seine Flügel auszubreiten.

Arto Juvonen, Porvoo, Finnland 5/2006. 500 mm + 1,4 x Telekonverter, f 6.3, 1/250 s, iso 200

### Temminckstrandläufer (*Calidris temminckii*) bei der Balz

Zu den Balzritualen des Temminckstrandläufers gehören unaufhörliches, recht lautes Zirpen und das Anheben der Flügel und des Schwanzes. Eine andere Version ist der Singflug, bei dem der Vogel mit zitternden Flügeln fliegt und gleichzeitig zirpt. Dieses Foto verdankt seine intensiven Farbtöne dem Licht des frühen Morgens.

Markus Varesvuo, Finnmark, Norwegen 6/2004. 500 mm, f 5.6, 1/500 s, iso 400

### Ein Goldregenpfeifer (*Pluvialis apricaria*) schützt seine Jungen

Indem er sich flügellahm stellt, versucht der Goldregenpfeifer, die Aufmerksamkeit eines Raubtiers oder eines in die Nähe der Jungen gekommenen Menschen auf sich zu ziehen. Der Vogel will so Eindringlinge von den Jungen wegführen, die sich beim Warnruf der Mutter im Vertrauen auf ihre hervorragende Tarnfärbung reglos ins Unterholz pressen.

Markus Varesvuo, Finnmark, Norwegen 6/2005. 500 mm, f 5.6, 1/640 s, iso 400

### Rotfussfalken (*Falco vespertinus*) bei der Paarung

In einem kleinen Wäldchen mitten in der Hortobágy-Puszta steht ein Hochsitz, der es ermöglicht, das Leben der Rotfußfalken aus der Nähe zu beobachten und zu fotografieren, ohne die Vögel zu stören. Der Hochsitz hat Spiegelfenster. Beim Fotografieren durch das Fenster geht Licht verloren, doch die Schärfe der Aufnahmen wird dadurch kaum beeinträchtigt.

Jari Peltomäki, Hortobágy, Ungarn 5/2008. 300 mm, f 4.5, 1/1600 s, iso 1600

### Ein Rotfussfalkenmännchen (*Falco vespertinus*) glättet seine Schwanzfedern

Ein Rotfußfalkenmännchen, das in einem Wäldchen in der Hortobágy-Puszta nistet, pflegt sein Gefieder. Die Vögel verbringen viel Zeit damit, ihr Federkleid in Ordnung zu halten, denn es garantiert ihr Überleben. Die Schwanzfedern werden sorgfältig nacheinander glatt gestrichen.

Jari Peltomäki, Hortobágy, Ungarn 5/2008. 500 mm, f 5, 1/500 s, iso 800

### Ein Fitis (*Phylloscopus trochilus*) sammelt Rentierhaare als Material für sein Nest

In Nordnorwegen sind Rentierhaare für kleine Vögel ein wichtiges Nestbaumaterial. Die Haare von einem auf dem Rentierscheidungsplatz vergessenen Rentierfell fanden reißenden Absatz. In der relativ kurzen Zeit, in der ich dort fotografierte, holten außer dem Fitis auch eine Rotdrossel und ein Blaukehlchen Rentierhaare für ihr Nest.

Jari Peltomäki, Båtsfjord, Norwegen 6/2006. 500 mm + 1,4 x Telekonverter, f 5.6, 1/500 s, iso 400

### Eine Schwanzmeise (*Aegithalos caudatus*) bringt eine Feder in ihr Nest

Die Schwanzmeisen polstern ihr Nest mit vielen Federn, die sie oft aus großer Entfernung holen, von den Überresten eines Vogels oder beispielsweise von den Stellen, wo ein Habicht seine Beute rupft. Hier wird die Feder eines Habichtskauzes ins Nest gebracht.

Arto Juvonen, Loviisa, Finnland 4/2008. 500 mm + 1,4 x Telekonverter, f 5.6, 1/640 s, iso 200

### Kleinspecht (*Dendrocopos minor*) beim Bau seines Nistlochs

Meine Frau entdeckte den Kleinspecht, der in der Nähe unseres Hauses ein Nistloch baute. Obwohl ich pausenlos fotografierte, bekam ich nur eine einzige Aufnahme, auf der der Vogel den Kopf stillhält und gleichzeitig reichlich Holzmehl durch die Luft fliegt.

Tomi Muukkonen, Viikki, Helsinki, Finnland 4/2005. 400 mm, f 4, 1/250 s, iso 400

### Ein Habicht (*Accipiter gentilis*) holt Baumaterial für sein Nest

Der Habicht scheint sich beim Abbrechen von Zweigen auf eine erprobte Technik zu verlassen: Man packe den Zweig weit weg vom Ansatz mit dem Schnabel, nehme den Flügel zu Hilfe und setze sein ganzes Körpergewicht ein. Das Foto zeigt ein Männchen bei der Arbeit.

Arto Juvonen, Pernaja, Finnland 3/2008. 500 mm, f 5, 1/160 s, iso 125

### Auerhuhn (*Tetrao urogallus*) und seine Jungen

Ein Auerhuhn hatte sein Nest bei einem Stammholzlager gebaut. Die Waldarbeiter hatten das Nest durch aufgestapelte Holzscheite geschützt, und das Huhn hatte es nicht aufgegeben. Man konnte die brütende Henne vom Auto aus fotografieren, ohne dass sie sich stören ließ. Mitte Juni begannen die Jungen zu schlüpfen. Nachdem ich sie zehn Stunden lang ständig beobachtet hatte, setzte sich die Henne mit ihren Jungen in Bewegung und wärmte sie immer wieder in der Abenddämmerung.

Tomi Muukkonen, Kuusamo, Finnland 6/2007. 500 mm, f 9, 1/60 s, iso 400

### Ein Kranichjunges (*Grus grus*) späht unter dem Flügel der Mutter hervor

Das erste Junge eines Kranichpaars schlüpft ein oder zwei Tage vor dem zweiten. Das ältere würde am liebsten schon losrennen, und es tollt im Nest und in seiner Umgebung umher wie ein ungestümes Kind.

Arto Juvonen, Liljendal, Finnland 5/2006. 500 mm + 1,4 x Telekonverter, f 7.1, 1/100 s, iso 400

#### Die Jungen des Schwarzspechts (*Dryocopus martius*) sind schon gross

Ein Schwarzspechtmännchen hat seinen Jungen, die am Nistloch laut nach Futter schreien, Ameisenlarven gebracht. In diesem Stadium sind die Jungen schon bereit, das Nest zu verlassen.

Arto Juvonen, Lapinjärvi, Finnland 5/2008. 500 mm + 1,4 x Telekonverter, f 5.6, 1/640 s, iso 640

#### Ein Kieferkreuzschnabel (*Loxia pytyopsittacus*) füttert seine Jungen mit Körnerbrei

Das Kieferkreuzschnabelpaar fliegt etwa einmal stündlich das Nest an und würgt Körnerbrei für seine Jungen aus. Danach verschwinden die Vögel wieder zur Futtersuche im Kiefernwald.

Arto Juvonen, Porvoo, Finnland 4/2008. 300 mm + 1,4 x Telekonverter, f 7.1, 1/250 s, iso 500

#### Ein Gartenrotschwanzweibchen (*Phoenicurus phoenicurus*) füttert ein Kuckucksjunges (*Cuculus canorus*)

Der Kuckuck hat die besondere Angewohnheit, seine Eier in die Nester anderer Vogelarten zu legen und seine Jungen von fremden Weibchen füttern zu lassen. In Finnland ist der Gartenrotschwanz eines der häufigsten Opfer des Kuckucks. Das Gartenrotschwanzweibchen musste sich den ganzen Tag allein abmühen, um das viel größere und nimmersatte Kuckucksjunge zu füttern. Das Männchen ließ sich nicht blicken.

Jari Peltomäki, Oulu, Finnland 8/2008. 500 mm, f 5.6, 1/500 s, iso 2500

#### Ein Trauerschnäpper (*Ficedula hypoleuca*) fliegt den Nistkasten im Garten an

Ein Trauerschnäpperweibchen trägt Insekten aus dem Garten ins Nest. Die neben dem Nest surrende Kamera beeinträchtigt die Fütterung der Jungen nicht.

Arto Juvonen, Pernaja, Finnland 6/2008. 35 mm, f 7.1, 1/3200 s, iso 1000

#### Ein Mauersegler (*Apus apus*) beim abendlichen Ausflug

Ich verbrachte den Abend in einem Tarnzelt an einer Bucht. Mauersegler flogen tief über dem Wasser und tranken. Ich eilte aus dem Versteck auf die Brücke, denn es war noch hell genug für Flugbilder. Der Mauersegler und seine Verwandten zählen zu den schnellsten Vögeln im waagrechten Flug, und die Belichtungszeit war nicht mehr optimal. Einer der Vögel flog einen Bogen und drosselte dabei das Tempo so weit, dass die Verschlusszeit der Kamera genügte. So bekam ich, was ich wollte.

Tomi Muukkonen, Viikki, Helsinki, Finnland 6/2006. 500 mm, f 5.6, 1/1600 s, iso 400

#### Uferschwalben (*Riparia riparia*) in ihrer Nisthöhle

Wenn die Uferschwalben im Schwarm ankommen, um ihren Jungen Futter zu bringen, beginnt ein wildes Getümmel. Sand fliegt auf, und die Luft ist erfüllt von den rasselnden Lauten, die Dutzende von Vögeln von sich geben. Bisweilen versuchen mehrere Vögel gleichzeitig, sich in ein Nistloch zu zwängen. Die sozialen Vögel sind offensichtlich auch auf den Nisterfolg ihrer Nachbarn neugierig.

Tomi Muukkonen, Kolari, Finnland 7/2008. 400 mm, f 7.1, 1/2700 s, iso 400

#### Ein Kuhreiher (*Bubulcus ibis*) schnappt eine Fliege

Ich entdeckte den fressenden Kuhreiher auf einer Viehweide in Oman. In Gedanken sah ich beide Tierarten sofort auf einem Bild vereint. Es gelang mir mit Mühe, mein Objektiv durch einen schmalen Spalt im Zaun zu schieben und ein Foto zu machen, auf dem der Reiher eine Fliege vom Maul der Kuh schnappt.

Jari Peltomäki, Oman 3/2006. 500 mm, f 10, 1/1000 s, iso 400

#### Eissturmvogel (*Fulmarus glacialis*) in seinem Nistgebiet auf Island

Die Eissturmvögel verbringen den größten Teil des Jahres auf hoher See. In der Nistzeit lassen sie sich in felsigem Gebiet nieder. Ein untrennbarer Bestandteil der isländischen Landschaft sind die auf grünen Wiesen weidenden Islandpferde. Ein gleichermaßen charakteristischer Anblick in der Vogelwelt sind die mit steifen Flügeln über dem Ufer oder vor den Nistplätzen kreisenden Sturmvögel.

Markus Varesvuo, Island 6/2006. 150 mm, f 5, 1/1250 s, iso 400

#### Ein Nonnensteinschmätzer (*Oenanthe pleschanka*) tötet eine Heuschrecke

Anfangs schien es schwierig, von dieser Vogelart auch nur ein einziges Foto zu bekommen, denn die Vögel wichen dem Fotografen aus. Nachdem ich zwei Tage an den Lieblingsplätzen der Vögel gesessen hatte, war ich schließlich erfolgreich.

Tomi Muukkonen, Kaliakra, Bulgarien 9/2008. 500 mm + 1,4 x Telekonverter, f 7.1, 1/1000 s, iso 200

#### Elster (*Pica pica*) auf dem Rückflug vom »Heringsmarkt«

Die Heringe, die der Fotograf für Störche auf dem Eis ausgelegt hatte, wurden von Elstern aus dem Dorf in den Uferwald getragen.

Arto Juvonen, Pernaja, Finnland 3/2009. 500 mm, f 9, 1/3200 s, iso 640

#### Das prächtige Hochzeitsgeschenk eines Bienenfressers (*Merops apiaster*)

Zum Balzverhalten der Bienenfresser gehört das Überreichen von Geschenken. Das Männchen erbeutete beim Auffliegen eine prächtige Libelle und brachte sie dem Weibchen, das wartend auf einem Zweig saß.

Markus Varesvuo/Wild Wonders of Europe,
Pusztaszer, Ungarn 5/2008. 500 mm + 1,4 x Telekonverter, f 11, 1/500 s, iso 500

### GARTENROTSCHWANZ (*Phoenicurus phoenicurus*) BEIM ABSPRUNG

Von meinem Tarnzelt aus beobachtete ich mehrere Tage lang ein Gartenrotschwanzpärchen beim Füttern seiner Jungen. Das Futter bestand u.a. aus Schmetterlingen und deren Larven, Schnaken und Fliegen. Vor allem das Männchen kam immer auf dem gleichen Weg zum Nest. Ich wusste, dass es sich zum Nest hochschwingen würde, nachdem es eine oder zwei Sekunden auf dem Zweig gesessen hatte. Sofort stellte ich den Fokus ein und ließ die Kamera surren. Das Ergebnis waren mehrere interessante Aufnahmen des auffliegenden Vogels.

MARKUS VARESVUO, VAALA, FINNLAND 6/2008. 500 MM, F 4.5, 1/2500 S, ISO 2000

### EIN GRAUSCHNÄPPER (*Muscicapa striata*) ALS BEERENPFLÜCKER

Der Grauschnäpper ist ein Insektenfresser, doch den Holunderbeeren kann auch er nicht widerstehen. Er pflückt sie mit einem schnäpperartigen Angriff. Das Bild zeigt einen jungen Vogel.

ARTO JUVONEN, LAPINJÄRVI, FINNLAND 8/2008. 500 MM + 1,4 X TELEKONVERTER, F 5.6, 1/2000 S, ISO 3200

### GRÜNLINGE (*Carduelis chloris*) IM KAMPF

Wie viele andere Schwarmvögel sind Grünlinge ausgesprochen streitlustig. Die Hierarchie am Futterplatz wird in ständigen Kämpfen festgelegt.

ARTO JUVONEN, PERNAJA, FINNLAND 1/2009. 500 MM, F 4, 1/2500 S, ISO 1600

### BLAUKEHLCHEN (*Luscinia svecica*) BEIM BALZFLUG

Das Blaukehlchen ist wie viele andere Vögel im Zwielicht zutraulich. In den dämmerigsten Momenten der hellen Sommernacht im Norden lässt es den Fotografen mitunter auf drei Meter herankommen, doch bei Tageslicht ist es scheuer. Dennoch wollte ich versuchen, in der Helligkeit des Tages Flugbilder zu machen. Ich bekam eine Aufnahme vor dem Hintergrund des Fjälls zustande, kurz bevor der Vogel das Balzen beendete.

TOMI MUUKKONEN, FINNMARK, NORWEGEN 6/2008. 400 MM, F 8, 1/2000 S, ISO 400

### EIN ROTKEHLPIEPER (*Anthus cervinus*) BRINGT SEINEN JUNGEN FUTTER

Zufällig entdeckte ich in Nordnorwegen am Rand eines kleinen Sandwegs das Nest eines Rotkehlpiepers. Die Stelle war optimal um Fotos zu machen. An klaren Tagen fiel morgens und vormittags geeignetes Licht darauf, und ich konnte das Auto als Versteck benutzen. Auf den besten Aufnahmen ist im Hintergrund das weit entfernte Fjällheideland zu sehen.

MARKUS VARESVUO, VESISAARI (VADSØ), NORWEGEN 6/2005. 500 MM, F 5.6, 1/2000 S, ISO 400

### ZWEI STEINSCHMÄTZER (*Oenanthe oenanthe*) ZANKEN SICH UM DEN BESTEN SITZPLATZ

Während eines Spaziergangs befahl mir meine Frau geradezu, die Steinschmätzer auf dem Holzstapel zu fotografieren. Ich war eher abgeneigt, denn Steinschmätzer sind so nervös, dass es meist unmöglich ist, sie zu fotografieren, außerdem war das Licht noch recht hart. Dennoch schlich ich mich an. Die jungen Steinschmätzer setzten ihr Turnier fort, und ich drückte auf den Auslöser, so oft ich konnte.

TOMI MUUKKONEN, VIIKKI, HELSINKI, FINNLAND 9/2005. 400 MM, F 5.6, 1/4000 S, ISO 400

### STREITENDE GIMPELMÄNNCHEN (*Pyrrhula pyrrhula*)

Das Licht fällt während des ganzen kurzen Wintertages auf den Futterplatz, der sich auf einem Fels im Wald befindet. An dem Tag, als diese Aufnahme entstand, wirkten der im Sonnenschein schwebende Pulverschnee, das Gegenlicht, der dunkle Wald als Hintergrund und der Spiegel zum Reflektieren des Lichts perfekt zusammen.

ARTO JUVONEN, PERNAJA, FINNLAND 2/2009. 500 MM, F 5, 1/3200 S, ISO 640

### DIE ENERGIE DES ZAUNKÖNIGS (*Troglodytes troglodytes*) IST AUCH IN SEINEM GESANG ZU HÖREN

Der Zaunkönig ist wohl im Verhältnis zu seiner Größe der lautstärkste Sänger im Wald. Der kleine Vogel ist in jeder Hinsicht ein wahres Energiebündel. Dynamisch ist auch seine Haltung beim Singen.

ARTO JUVONEN, RUOTSINPYHTÄÄ, FINNLAND 5/2009. 500 MM + 1,4 X TELEKONVERTER, F 5.6, 1/4000, ISO 3200

### EIN SPROSSER (*Luscinia luscinia*) SINGT IM BLÜHENDEN APFELBAUM

Sprosser erreichen ihre nördlichen Nistgebiete im späten Frühjahr. Die Männchen treffen zuerst ein und verkünden ihren Konkurrenten durch ihren Gesang, dass das Revier besetzt ist. Bei der Ankunft der Weibchen singen die Männchen am intensivsten.

MARKUS VARESVUO, HAAPSALU, ESTLAND 5/2005. 500MM + 1,4 X TELEKONVERTER, F 5.6, 1/200 S, ISO 400

### WALDLAUBSÄNGER (*Phylloscopus sibilatrix*) AUF INSEKTENJAGD

Während der ersten Wärmewelle des Frühjahrs erfüllte Vogelgesang den uralten, dämmerigen Fichtenwald. In der Lücke, die ein umgestürzter großer Baum hinterlassen hatte, machte sich ein Waldlaubsänger zu schaffen. Der Kampf um das beste Revier war in vollem Gang, und der Vogel unterbrach die Nahrungsaufnahme immer wieder, um zu singen. Es galt, den Vogel mit einem Fokusspot zu treffen, während er einen Augenblick lang an einer Stelle flatterte, um Spinnen oder Insekten von den Spitzen der Zweige zu picken.

TOMI MUUKKONEN, MUSTAVUORI, VANTAA, FINNLAND 5/2004. 300 MM, F 4, 1/1250 S, ISO 200

### Altes Blauschwanzmännchen (*Tarsiger cyanurus*)

Das alte Blauschwanzmännchen ist ein wahres Schmuckstück des Taigawaldes. Die meisten singenden Blauschwänze, die man findet, sind junge Männchen, die wie Weibchen gefärbt sind. Ein prachtvolles altes Männchen zu entdecken ist nicht so leicht. Der Fotograf muss zur rechten Zeit am rechten Ort sein.

Jari Peltomäki, Kuusamo, Finnland 6/2005. 500 mm, f 4, 1/160 s, ISO 200

### Wacholderdrossel (*Turdus pilaris*) im Vogelbeerbaum

Das winterliche Vorkommen der Wacholderdrossel hängt von der Vogelbeerernte ab. Große Wacholderdrosselschwärme streifen durch die Wälder und die ländlichen Gebiete, bis alle Vogelbeeren aufgefressen sind. Dann sammeln sich die Schwärme zusammen mit den Seidenschwänzen in den Vogelbeerbäumen der Siedlungszentren. Wenn alle Beeren verzehrt sind, ziehen Drosseln und Seidenschwänze in den Süden. Unter Umständen kann sich der »Herbstzug« bis zum Februar verschieben.

Arto Juvonen, Loviisa, Finnland 10/2008. 500 mm + 1,4 x Telekonverter, f 5,6, 1/2000, ISO 500

### Seidenschwänze (*Bombycilla garrulus*) bei der Mahlzeit

Anfang Januar hatte ein Schwarm Seidenschwänze diesen Vogelbeerbaum entdeckt. Ein Sperber machte die Vögel nervös und ließ sie immer wieder auffliegen, doch um die Menschen auf dem Parkplatz dort kümmerten sie sich kaum. Als es mir gerade gelungen war, drei Vögel auf einem Bild zu verewigen, schob sich eine Wolke vor die Sonne.

Tomi Muukkonen, Viikki, Helsinki, Finnland 1/2009. 400 mm, f 4, 1/400 s, ISO 400

### Ein Eichelhäher (*Garrulus glandarius*) pflückt Eicheln

Im Herbst legt der Eichelhäher Vorratslager an. Die Vögel tragen Tausende von Eicheln oft kilometerweit in die Wälder. Die Sammelarbeit ist so intensiv, dass der sonst so scheue und misstrauische Eichelhäher seine Vorsicht vergisst und leicht zu fotografieren ist.

Arto Juvonen, Pernaja, Finnland 9/2008. 500 mm + 1,4 x Telekonverter, f 8, 1/1600 s, ISO 640

### Starweibchen (*Sturnus vulgaris*) an seinem Nistloch

Die meisten Stare nisten heute in Nistkästen, doch vor allem in Parks mit vielen alten, großen Laubbäumen findet man immer noch Stare, die in natürlichen Nistlöchern brüten. Die alten Vögel haben ein metallisch glänzendes schwarzes Gefieder, während die jungen, wie das aus dem Nistloch spähende Exemplar, graubraun gefärbt sind.

Markus Varesvuo, Estland 5/2005. 500 mm, f 4, 1/500 s, ISO 400

### Die Dohle (*Corvus monedula*) ist ein sogenannter Kulturvogel

Die Dohle fühlt sich in einer vom Menschen gestalteten Umgebung wohl. Sie ist auf weitläufigen Ackerflächen zu Hause, wo sie ihr Nest unter anderem gern in alten Steinkirchen baut. Ebenso häufig trifft man sie auf Nahrungssuche im Stadtzentrum an. In den Städten nistet die Dohle in den Vertiefungen der Gebäude und in den großen Höhlen der alten Parkbäume.

Markus Varesvuo, Helsinki, Finnland 12/2002. 300 mm, f 3,2, 1/2000 s, ISO 250

### Krähe (*Corvus corone cornix*) mit Schnapsflasche

Die Krähe ist erfindungsreich und nutzt gern die Abfälle, die die Menschen wegwerfen. Diese Krähe war ihrer Aufgabe jedoch nicht gewachsen. Sie konnte die Flasche nicht öffnen.

Markus Varesvuo, Oulu, Finnland 5/2006. 500mm + 1,4 x Telekonverter, f 7,1, 1/400 s, ISO 320

### Ein Sperber (*Accipiter nisus*) ist der Schrecken kleiner Vögel

Der Sperber sucht sein Jagdgebiet oft aus recht großer Höhe ab. Wenn die kleinen Vögel die Gefahr bemerken, warnen sie laut und verstecken sich, kommen aber wieder hervor, sobald der Sperber verschwunden ist. Nach seinem Aufklärungsflug kehrt der Sperber dicht über der Erde in Höchstgeschwindigkeit zurück, um die Beute zu jagen, die er aus der Höhe entdeckt hat.

Markus Varesvuo, Hanko, Finnland 10/2008. 800 mm, f 5,6, 1/3200 s, ISO 1600

### Haussperlinge (*Passer domesticus*) bei Raubtieralarm

Schwarmverhalten ist für kleine Vögel hilfreich. Viele Augenpaare entdecken eine drohende Gefahr früher als eines. Wenn einer der Vögel etwas Bedrohliches entdeckt, stößt er einen hohen Warnruf aus – das Signal, unverzüglich in Deckung zu gehen.

Markus Varesvuo, Helsinki, Finnland 8/2008. 800 mm, f 5,6, 1/250 s, ISO 1600

### Fasan (*Phasianus colchicus*) im Flug

Im weichen Licht des Nachmittags beobachtete ich Fasane. Die Vögel waren ausgesprochen zutraulich, und ich konnte mich ihnen in ruhigem Spaziertempo nähern. Es war meine Absicht, Flugbilder zu machen. Ich hatte ein leichtes 400-mm-Teleobjektiv und eine volle Blende. Das Männchen flog im Verhältnis zum Licht genau in die richtige Richtung.

Tomi Muukkonen, Tammisaari, Finnland 10/2008. 400 mm, f 4, 1/4000 s, ISO 400

### Auffliegender Rebhühnerschwarm (*Perdix perdix*)

Für die Überlebensstrategie der Rebhühner ist blitzschnelles Auffliegen überaus wichtig, denn der Habicht, der gern Rebhühner jagt, versucht die Vögel bei der Mittagsruhe zu überraschen. Im normalen Flug hat der Habicht keine Chance mehr, die Rebhühner einzuholen.

Jari Peltomäki, Liminka, Finnland 12/2004. 500 mm, f 4, 1/1600 s, iso 400

### Ein Moorschneehuhn (*Lagopus lagopus*) saust durch den Wald

In guten Moorschneehuhnjahren kann es noch vorkommen, dass man in den Wäldern ein Moorschneehuhn auffliegen sieht. Meist erhascht man einen Blick auf einen im Wald verschwindenden Moorschneehahn. Die Weibchen sitzen zu Beginn des Sommers ständig im Nest. Wenn man nicht direkt daran vorbeigeht, bekommt man sie nicht zu Gesicht.

Markus Varesvuo, Norwegen 6/2004. 500 mm, f 4, 1/640 s, iso 800

### Kragenente (*Histrionicus histrionicus*) beim Wellenreiten

Das Kragenentenmännchen ist eine der farbenprächtigsten Erscheinungen der Entenwelt. Das Weibchen auf dem Foto ist wie andere Entenweibchen unauffällig gefärbt, sodass es im Nest mit dem Hintergrund verschmilzt. Den Winter verbringen Kragenenten auf hoher See, doch in der Nistzeit lassen sie sich an Flüssen nieder. Sie scheuen selbst vor starken Stromschnellen nicht zurück, sondern bewegen sich geschickt durch die Wellen zur nächsten ruhigen Stelle.

Markus Varesvuo, Island 6/2006. 500 mm, f 13, 1/1000 s, iso 500

### Ein Mornellregenpfeifer (*Charadrius morinellus*) dehnt seine Flügel

Das bunte Gefieder des Mornellregenpfeifers bietet eine erstaunlich gute Tarnung. Wenn man doch einen Vogel entdecken kann, handelt es sich um ein ausgesprochen furchtloses Tier, dem man sich leicht nähern kann. Das Hochrecken und Dehnen der Flügel ist für viele Regenpfeiferarten typisch.

Jari Peltomäki, Varanger-Halbinsel, Norwegen 6/2008. 500 mm, f 10, 1/1000 s, iso 400

### Falkenraubmöwen (*Stercorarius longicaudus*) warnen

Ich habe mich bemüht, auf diesem mit Weitwinkelobjektiv gemachten Foto auch das Nistmilieu der Falkenraubmöwen zu zeigen. Der Vogel im Vordergrund lässt das Bild beinahe dreidimensional wirken. Manche der nistenden Falkenraubmöwen verhielten sich dem Fotografen gegenüber sehr zutraulich.

Jari Peltomäki, Varanger-halbinsel, Norwegen 7/2006. 16 mm, f 7.1, 1/1000 s, iso 400

### Bartkauz (*Strix nebulosa*) auf der Jagd

Der Bartkauz jagt tagsüber vor allem dann, wenn er hungrig ist. Für den Fotografen ist es ratsam, sich möglichst lange im Jagdgebiet aufzuhalten. So hat er die besten Chancen, gute Flugbilder von dieser geheimnisvollen und prächtigen Eulenart der nördlichen Nadelwaldzone zu bekommen.

Jari Peltomäki, Tornio, Finnland 3/2009. 75 mm, f 8, 1/2000 s, iso 800

### Drohgebärde eines Mönchsgeiers (*Aegypius monachus*)

Am Aas herrscht Gedränge. Rund vierzig Gänsegeier und fünf Mönchsgeier versuchen ihren Anteil an einem verendeten Reh zu bekommen. Es gilt das Gesetz des Stärkeren. Um sich den Weg zur Mahlzeit zu bahnen, breitet der Mönchsgeier seine mächtigen Flügel aus, sträubt die Nackenfedern und springt mit ausgestreckten Krallen auf das Aas zu.

Markus Varesvuo, Spanien 12/2008. 800 mm, f 9, 1/640 s, iso 500

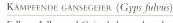
### Kämpfende Gänsegeier (*Gyps fulvus*)

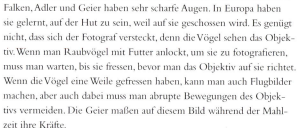

Falken, Adler und Geier haben sehr scharfe Augen. In Europa haben sie gelernt, auf der Hut zu sein, weil auf sie geschossen wird. Es genügt nicht, dass sich der Fotograf versteckt, denn die Vögel sehen das Objektiv. Wenn man Raubvögel mit Futter anlockt, um sie zu fotografieren, muss man warten, bis sie fressen, bevor man das Objektiv auf sie richtet. Wenn die Vögel eine Weile gefressen haben, kann man auch Flugbilder machen, aber auch dabei muss man abrupte Bewegungen des Objektivs vermeiden. Die Geier maßen auf diesem Bild während der Mahlzeit ihre Kräfte.

Tomi Muukkonen, Östliche Rhodopen, Bulgarien 9/2008. 500 mm, f 11, 1/640 s, iso 400

### Gänsegeier (*Gyps fulvus*) verspeisen ein Schaf

Die Rhodopen sind ein Gebirge an der Grenze zwischen Bulgarien und Griechenland. Dort werden bedrohte Gänsegeier, Mönchsgeier und Schmutzgeier geschützt. Geier sind Aasfresser, die vom Menschen ausgelegte Kadaver gern annehmen. Im September 2008 förderten wir das Schutzprojekt, indem wir an zwei Tagen von einer gebührenpflichtigen Tarnhütte aus fotografierten. Am ersten Tag zählten wir die Gänsegeier und notierten die höchste Zahl seit 50 Jahren: 172 Exemplare. Das Schutzprogramm hat also Früchte getragen. Auf dem Foto verspeisen 30 Gänsegeier ein Schaf.

Tomi Muukkonen, Östliche Rhodopen, Bulgarien 9/2008. 200 mm, f 8, 1/640 s, iso 400

### Waldohreule (*Asio otus*) im Sturzflug

Auf der zu Åland gehörenden Insel Lågskär nisteten im Frühjahr 2008 zwei Waldohreulenpaare. Ende Mai, zu der Zeit, als die Jungen das Nest verließen, erschwerte die Vegetation auf den Wiesen die Jagd auf Wühlmäuse. Die Eulenweibchen jagten auch bei Tageslicht, um ihre hungrig rufenden Jungen zu füttern. Ein niedriger Lauschflug führte fast immer zum Erfolg.

Tomi Muukkonen, Lemland, Åland 5/2008. 500 mm, f 8, 1/2000 s, iso 500

### Kornweihe (*Circus cyaneus*) auf Wühlmausjagd

Von meinem Versteck aus beobachtete ich gegen Ende des Winters 2009 mehrere Tage lang die Jagd der Kornweihen. Auf dem Acker wimmelte es geradezu von Wühlmäusen. Immer wieder sah man die Tiere über den etwa knöchelhohen Schnee laufen. Die Jagdtaktik der Kornweihen war anders als die der Raufuß- und Mäusebussarde, die an windstillen Tagen auf den Bäumen saßen und erst zuschlugen, wenn die Beute in Sicht kam. Diesmal war der unermüdliche Beuteflug von Erfolg gekrönt.

Tomi Muukkonen, Kirkkonummi, Finnland 2/2009. 500 mm + 1,4 x Telekonverter, f 5.6, 1/4000 s, iso 400

### Eine Schnee-Eule (*Bubo scandiacus*) hat ein Trauerentenjunges erbeutet

Ich hatte Gelegenheit, gut eine Woche lang das Familienleben der Schnee-Eulen von einem Logenplatz aus zu verfolgen, als im Sommer 2007 nach langer Pause mehrere Paare in Finnisch-Lappland nisteten. Im Lauf des Sommers ging der Lemmingbestand jedoch dramatisch zurück, und zwar zu einer für die Schnee-Eulen ungünstigen Zeit. Nur die geschicktesten Jäger konnten ihre Jungen ernähren, indem sie sich auf die Vogeljagd umstellten. Das Foto wurde von einer Tarnhütte aus gemacht; die vorgeschriebene Genehmigung hatte ich eingeholt.

Markus Varesvuo, Utsjoki, Finnland 7/2007. 500 mm + 2 x Telekonverter, f 9, 1/1000 s, iso 1600

### Der Ruf des Alpenschneehuhns (*Lagopus mutus*)

Die Stimme des Alpenschneehuhns zählt zu den außergewöhnlichsten in der Vogelwelt. Die Abfolge der tiefen, knarrenden Rufe klingt eigentlich leise, ist aber überraschend weit zu hören. Dennoch ist es schwer, sie zu lokalisieren. Das Bild zeigt ein männliches Tier im Sommergefieder.

Markus Varesvuo, Norwegen 7/2008. 800 mm, f 8, 1/800 s, iso 1600

### Ein nördlicher Raubwürger (*Lanius excubitor*) »steht« in der Luft

Nördliche Raubwürger jagen kleine Nagetiere und stehen oft lange flatternd in der Luft. Ich habe sie oft dabei beobachtet, bin aber nur einmal nah genug herangekommen, um diese Flugvariante zu fotografieren. Ich hätte mir ein wenig mehr Licht gewünscht.

Jari Peltomäki, Liminka, Finnland 11/2005. 500 mm, f 4, 1/800 s, iso 800

### Ein Raufussbussard (*Buteo lagopus*) kehrt ohne Beute zurück

Die überwinternden Raufußbussarde sitzen lange still da und halten nach Wühlmäusen Ausschau. Wenn sie ein Beutetier entdecken, stürzen sie sich darauf, sind aber durchaus nicht immer erfolgreich

Arto Juvonen, Pernaja, Finnland 2/2009. 500 mm, f 8, 1/3200 s, iso 320

### Ein Baumfalke (*Falco subbuteo*) bringt seinen Jungen Futter

Der Baumfalke hat sich darauf spezialisiert, seine Beute in der Luft zu erjagen. Große Insekten sind ihm ebenso recht wie kleine Vögel. Ein großer Teil der Nahrung der Jungen im Nest besteht aus Libellen.

Markus Varesvuo, Tammisaari, Finnland 7/2005. 500 mm, f 5, 1/2500 s, iso 500

### Ein Sperbermännchen (*Accipiter nisus*) rupft seine Beute

Sperber haben häufig einen festen Beutewechselplatz, wo das Männchen die Beute rupft, bevor es mit leisen, hohen Schreien das Weibchen ruft, das diese dann abholt. Für den Fotografen ist das eine dankbare Situation. Er kann seelenruhig in seinem Tarnzelt sitzen. Bevor das Männchen ruft, passiert nichts.

Arto Juvonen, Myrskylä, Finnland 6/2006. 500 mm, f 4.5, 1/125 s, iso 800

### Dunkle Wasserläufer (*Tringa erythropus*) bei der Jagd auf Wassermolche

Ein Schwarm Dunkler Wasserläufer lief hastig durch das Wasser, wobei die Vögel ihre Köpfe unter Wasser hin und her bewegten. Bald erklärte sich ihr Verhalten: Sie suchten nach Wassermolchen.

Arto Juvonen, Loviisa, Finnland 5/2008. 500 mm + 2 x Telekonverter, f 8, 1/250 s, iso 800

### Ein Meerstrandläufer (*Calidris maritima*) zieht an einem Wurm

Ich hatte mein Versteck im Ufersand aufgebaut, um Scheckenten zu fotografieren. Im letzten Tageslicht trippelte ein Meerstrandläufer nah an mein Versteck heran und zog einen langen Wurm aus dem Sand.

Tomi Muukkonen, Finnmark, Norwegen 4/2006. 500 mm, f 8, 1/500 s, iso 400

### Ein Alpenstrandläufer (*Calidris alpina*) dehnt sich

Der Herbstzug der in der Tundra nistenden Alpenstrandläufer beginnt für die alten Vögel bereits im Juli, wenn an den flachen Sandstränden schönster Sommer herrscht. An regnerischen Tagen sind an den Ufern zahlreiche Wasserläufer zu sehen, während sie bei Hochdruck an Sonnentagen weiterziehen.

Jari Peltomäki, Siikajoki, Finnland 7/2007. 500 mm + 2 x Telekonverter, f 9, 1/500 s, iso 400

### Ein Austernfischer (*Haematopus ostralegus*) putzt sich

Wenn der Austernfischer beim Brüten abgelöst wird, wäscht er sich täglich in den Teichen im Feuchtgebiet.

Arto Juvonen, Loviisa, Finnland 5/2009. 500 mm + 2 x Telekonverter, f 5.6, 1/4000, iso 800

### Rosapelikane (*Pelecanus onocrotalus*) beim Fischen

Die Pelikane, die Riesen der Vogelwelt, kamen von einem anderen See, als die Sonne bereits unterging. Ein Fischschwarm schwamm mit hoher Geschwindigkeit parallel zum Ufer. Die Vögel landeten im Wasser und folgten ihm. Schließlich wurde das Tempo des Fischschwarms und der Pelikane so schnell, dass unser Boot mit seinem kleinen Motor nicht mehr mithalten konnte.

Tomi Muukkonen, Burgas, Bulgarien 9/2008. 500 mm, f 4, 1/2000 s, iso 400

### Löffler (*Platalea leucorodia*) bei der Mahlzeit

Der Löffler hat eine eigenwillige Fresstechnik: Er schreitet die ganze Zeit rasch voran, schwenkt dabei den Kopf und nimmt mit seinem flachen Schnabel Futter vom Grund auf. Diesen im Fischbecken speisenden Vogel fotografierte ich durch das Fenster meines Verstecks.

Jari Peltomäki, Pusztaszer, Ungarn 5/2008. 138 mm, f 6.3, 1/1000 s, iso 800

### Sandregenpfeifer (*Charadrius hiaticula*) auf Nahrungssuche

Ein alter Sandregenpfeifer der arktischen Untergattung nimmt auf dem Herbstzug Nahrung auf. An flachen Schlick- und Sanduferm fressen die Regenpfeifer gern. Es gibt dort nur wenig Vegetation, sodass man gut von unten fotografieren kann, und unmittelbar an der Uferlinie bekommt man auch das Spiegelbild des Vogels auf das Foto.

Jari Peltomäki, Siikajoki, Finnland 8/2007. 500 mm + 1,4 x Telekonverter, f 11, 1/1000 s, iso 400

### Eine Fluss-Seeschwalbe (*Sterna hirundo*) hat einen Weissfisch gefangen

Pack ihn, wo du kannst! Der Weißfisch steckt mit dem Schwanz im Schnabel der Fluss-Seeschwalbe. Der Wald am Flussufer wird im Gegenlicht zum dunklen Hintergrund.

Arto Juvonen, Pernaja, Finnland 6/2006. 500 mm, f 5.6, 1/2500 s, iso 400

### Die Beute eines Fischadlers (*Pandion haliaetus*)

Vor allem große Vögel starten und landen gern gegen den Wind. Diese Information ist für den Fotografen sehr nützlich. Das Fotografieren der scheuesten Vögel setzt oft feste Tarnhütten voraus, und dann ist der Fotograf den Windverhältnissen ausgeliefert. Dieses Foto entstand an einem Tag, an dem der Wind aus der falschen Richtung wehte. Das Fischadlermännchen, das seinen Jungen Fische brachte, landete deswegen immer mit dem Schwanz voran auf dem Nest. So bekam ich aber die Gelegenheit, ein etwas anderes Fischadlerfoto zu machen!

Markus Varesvuo, Vaala, Finnland 6/2008. 500 mm, f 7.1, 1/1600 s, iso 1600

### Revierkampf der Flussuferläufer (*Actitis hypoleucos*)

Im Frühjahr werden oft heftige Revierkämpfe ausgefochten. Nach dieser Auseinandersetzung unter Flussuferläufern blieb der Verlierer buchstäblich mit zitternden Beinen und hängenden Flügeln auf dem Kampfplatz zurück, während der Sieger fröhlich piepsend über das Wasser flog.

Arto Juvonen, Myrskylä, Finnland 5/2006. 500 mm, f 4, 1/1000 s, iso 400

### Eine alte Eismöwe (*Larus hyperboreus*) attackiert eine jüngere

Während ich auf die Ankunft der Riesenseeadler bei einer toten Robbe wartete, fotografierte ich die dort versammelten Eismöwen. Die alten Vögel wollten den Kadaver für sich allein beanspruchen und versuchten ihre jüngeren Artgenossen zu verscheuchen. Auf dem Foto greift ein alter Vogel eine jüngere Eismöwe an.

Jari Peltomäki, Hokkaido, Japan 2/2008. 500 mm + 1,4 x Telekonverter, f 5.6, 1/1000 s, iso 800

### Kämpfende Saatgänse (*Anser fabalis*)

Die Saatgänse, die im Frühjahr auf den Feldern rasten und fressen, haben sich gepaart. Das Männchen hält meist Wache, während das Weibchen sich durch reichliche Nahrungsaufnahme für das Eierlegen rüstet. Auf dem Foto ist ein überzähliger Gänserich dem bereits vergebenen Weibchen zu nahe gekommen und wird vertrieben.

Jari Peltomäki, Siikajoki, Finnland 4/2005. 300 mm, f 5.6, 1/1000 s, iso 200

### Zwei Steinwälzer (*Arenaria interpres*) zanken sich

Blasentanggebiete sind bei den Regenpfeifern als Futterplätze beliebt. Den Kampf der Steinwälzer fotografierte ich von meinem Versteck aus an einem grauen, regnerischen Tag mit wenig Licht. Da sich die Sensoren der Digitalkameras rasant entwickelt haben, sind heute auch bei schlechten Lichtverhältnissen brauchbare Aufnahmen möglich.

Jari Peltomäki, Ekkerøy, Norwegen 6/2008. 500 mm + 1,4 x Telekonverter, f 5.6, 1/1000 s, iso 3200

### »Synchronschwimmen« der Blässhühner (*Fulica atra*)

Die in ihren Territorien eintreffenden Blässhühner kämpfen ständig um die Reviergrenzen. Das Bild hat die Bewegung in einer lustigen Position angehalten.

Arto Juvonen, Lapinjärvi, Finnland 4/2008. 500 mm, f 5, 1/2000 s, iso 200

### Kämpfende Sumpfohreulen (*Asio flammeus*)

Dieses Foto ist eine Belohnung für meine Ausdauer: Ich hatte eine einsame, untätige Sumpfohreule beobachtet und beobachtet, bis schließlich im letzten Licht des Abends eine zweite Eule herbei flog und der Luftkampf begann. Zufällig zog genau im richtigen Moment im Hintergrund eine dunkle Wolke auf.

Jari Peltomäki, Tyrnävä, Finnland 5/2005. 500 mm, f 4, 1/320 s, iso 800

### ZWEI RIESENSEEADLER (*Haliaeetus pelagicus*) ZANKEN SICH

Der Riesenseeadler ist ein auffällig gefärbter Greifvogel und deutlich größer als der Seeadler. Dieser prächtige Vogel ist eine der Hauptattraktionen des Wintertourismus auf Hokkaido. Wir fanden am Ufer eine tote Robbe, in deren Nähe wir zwei Tage warteten; so konnten wir die zum Aas fliegenden und miteinander kämpfenden Riesenseeadler fotografieren.

JARI PELTOMÄKI, HOKKAIDO, JAPAN 2/2008. 500 MM + 1,4 X TELEKONVERTER, F 7.1, 1/1300 S, ISO 800

### BIRKHAHN (*Tetrao tetrix*) IM SPRUNG

Für Naturfotografen ist es eine alljährliche Frühjahrstradition, die Birkhahnbalz zu fotografieren. Dabei ist es immer gleich schwierig, einen springenden Birkhahn aufzunehmen, denn der Vogel bewegt sich jedes Mal so überraschend und schnell, dass die Kamera ihm kaum folgen kann.

JARI PELTOMÄKI, LIMINKA, FINNLAND 4/2005. 300 MM, F 4, 1/1300 S, ISO 200

### AUF DEM BALZPLATZ DER BIRKHÄHNE (*Tetrao tetrix*)

Die Birkhähne kämpfen heftig um die Herrschaft über den Balzplatz. Blitzschnelle Schläge mit den Flügeln, Tritte und Schnabelhiebe lösen einander ab, bis einer der beiden Vögel nachgibt und sich an den Rand zurückzieht, um Kräfte für einen neuen Versuch zu sammeln. Untersuchungen zufolge wählen die Weibchen für die Paarung meist den Hahn, der das Kerngebiet des Balzplatzes für sich erobert hat und sich dort behaupten kann. Den Sieger erwartet also eine treffliche Belohnung. Im Frühjahr 2008 machte ich an vier aufeinander folgenden Tagen mehrere Tausend Aufnahmen von der Birkhahnbalz. Bei der Durchsicht dieser Bilderflut entdeckte ich viele interessante Details im Kampfgeschehen.

Bild eins und zwei
MARKUS VARESVUO, LIMINKA, FINNLAND 3/2008. 500MM, F 4.5, 1/2000 S, ISO 1600

Bild drei
MARKUS VARESVUO, LIMINKA, FINNLAND 4/2008. 500MM, F 4.5, 1/800 S, ISO 1600

### EINE SCHMAROTZERRAUBMÖWE (*Stercorarius parasiticus*) BEDRÄNGT EINE MANTELMÖWE (*Larus marinus*)

Die Schmarotzerraubmöwen setzen den Mantelmöwen im Flug heftig zu, bis diese die bereits verschluckten Fische erbrechen. Ich hatte diesen Vorgang oft beobachtet, doch für ein Foto waren die Vögel immer zu weit draußen über dem Meer gewesen. Nur einmal konnte ich dieses interessante Verhalten aus der Nähe fotografieren.

JARI PELTOMÄKI, FLATANGER, NORWEGEN 7/2006. 300 MM, F 2.8, 1/3200 S, ISO 400

### EINE STURMMÖWE (*Larus canus*) JAGT EINE FLUSS-SEESCHWALBE (*Sterna hirundo*)

Die Fluss-Seeschwalben brachten ihren Jungen Fische aus dem Meer. Sie schienen ihr Vergnügen daran zu haben, den Sturmmöwen ein Schnippchen zu schlagen. Die Möwen setzten ihnen jedes Mal nach, wenn sie wieder mit Nahrung für ihre Jungen unterwegs waren.

TOMI MUUKKONEN, HELSINKI, FINNLAND 7/2008. 400 MM, F 9, 1/2000 S, ISO 400

### WO LANDET DER GRAUREIHER (*Ardea cinerea*)?

Manchmal fängt die Kamera einen Vogel in einem Moment ein, der auf dem Bild ganz anders wirkt, als er tatsächlich war. Hier scheint der Fischreiher der Krähe gefährlich zu werden, während er in Wirklichkeit hinter ihr auf dem Eis landete.

ARTO JUVONEN, PORVOO, FINNLAND 4/2009. 500 MM, F 4, 1/2000 S, ISO 1000

### KRANICH (*Grus grus*) UND FUCHS (*Vulpes vulpes*)

Ich befand mich in einer Tarnhütte, um das Nisten der Kraniche in einem kleinen Sumpfgebiet zu fotografieren. Da sah ich durch das Guckloch, dass ein Fuchs an den Rand des Sumpfes kam. Der Wind stand günstig für mich, der Fuchs witterte mich nicht. Er lief entschlossen auf den brütenden Kranich zu, in der Absicht, ihm die Eier zu rauben. Es blieb bei dem Versuch, denn der Kranich erhob sich von seinem Gelege, trat dem Fuchs entgegen, breitete die Flügel weit aus und trompetete laut. Der Fuchs zögerte, kam dann zu der Einsicht, dass sein Gegner zu stark war, und lief zurück in den Wald.

MARKUS VARESVUO, PERNAJA, FINNLAND 5/2005. 300 MM, F 5.6, 1/200 S, ISO 400

### GÄNSESÄGER (*Mergus merganser*) UND NEUNAUGEN

Erfolg bei der Naturfotografie erfordert Geduld. Ich fotografierte den Neunaugenfang der Gänsesäger an vier Tagen. Es gelang den Vögeln nicht, die 30 Zentimeter langen Neunaugen unbemerkt von den anderen unter Wasser zu verschlingen. Wenn die anderen Gänsesäger sahen, dass einer ihrer Artgenossen ein Neunauge gefangen hatte, stürzten sie sich blitzschnell auf ihn und versuchten, ihm die Beute abzujagen. Häufig endete der Fisch letztlich im Schnabel eines Mundräubers. Am ersten Morgen beobachtete ich drei dieser Kämpfe, an den anderen Tagen keinen einzigen. Das lange Warten wurde durch einige rasante Ereignisse belohnt, die ein Fotograf leicht verpasst, wenn er nicht ständig einsatzbereit ist.

TOMI MUUKKONEN, VIIKKI, HELSINKI, FINNLAND 3/2009. 500 MM + 1,4 X TELEKONVERTER, F 8, 1/1300, ISO 40

### KAMPF DER GÄNSESÄGER (*Mergus merganser*) UM EINEN FISCH

Ein fischender Gänsesägerschwarm lieferte mir viele interessante Motive. Wenn ein Gänsesäger mit einem stachligen Kaulbarsch oder einem anderen Fisch auftauchte, der zu groß war, um ihn sofort zu verschlucken, versuchten die anderen Gänsesäger und die unermüdlich lauernden Möwen sofort, die Beute zu ergattern. Häufig endete der Kampf unentschieden. Auch in diesem Fall gelang dem Fisch die Flucht.

ARTO JUVONEN, PORVOO, FINNLAND 4/2009. 500 MM, F 4, 1/2000, ISO 1000

### Braunsichler (*Plegadis falcinellus*)

Braunsichler fliegen in dichten und eleganten Schwärmen. Die Kupfertöne des festlichen Gefieders werden nur sichtbar, wenn die Sonne scheint. Im Abendlicht entdeckte ich ein anderes Motiv, der Schwarm löste sich vor einem Berg vorübergehend auf.
Tomi Muukkonen, Lagos, Griechenland 4/2006. 400 mm, f 6.3, 1/1600 s, iso 400

### Dohlen (*Corvus monedula*) und ein Habicht (*Accipiter gentilis*)

Am Verhalten der Krähen und Dohlen ist leicht zu erkennen, dass sich ein Habicht nähert. Warnrufe ausstoßend fliegen sie eilig hoch in den Himmel. Solange sie über dem Habicht fliegen, sind die Dohlen in Sicherheit.
Arto Juvonen, Porvoo, Finnland 1/2007. 500 mm, f 9, 1/800 s, iso 800

### Graureiher (*Ardea cinerea*) im Kampf um eine Mahlzeit

Das Bild wurde aus einer Tarnhütte am Rand einer kleinen eisfreien Stelle aufgenommen. Daneben wurden Fische auf dem Eis ausgelegt, für die die Fischer keine Verwendung hatten. Diese Stelle wird schon seit Jahren von Graureihern aufgesucht, die Anfang März aus ihrem Winterquartier zurückkehren und in der Umgebung nisten. Die Vögel gewöhnten sich bald an die Tarnhütte und taten sich im Wechsel mit Krähen und Möwen an den ausgelegten Fischen gütlich.
Markus Varesvuo, Porvoo, Finnland 3/2007. 500 mm + 1,4 x, f 5.6, 1/1000 s, iso 500

### Nachtreiher (*Nycticorax nycticorax*) bei der Landung

Der Nachtreiher ist, wie sein Name verrät, ein Nachtvogel und hat große rote Augen. Am Csaj-See in Ungarn versammeln sich die nicht nistenden Vögel morgens in den Bäumen in der Nähe des Vogelturms. Ich bekam Aufnahmen von einem landenden Reiher vor dem dunklen Wasser.
Tomi Muukkonen, Csaj-See, Ungarn 5/2007. 500 mm, f 5.6, 1/1600 s, iso 500

### Balzende Austernfischer (*Haematopus ostralegus*)

Am Varangerfjord in Norwegen hatten wir es plötzlich eilig, den Wagen am Rand der Hauptstraße abzustellen, denn wir entdeckten balzende Austernfischer im von der Ebbe freigelegten Schlick. Die Gruppenbalz ist ein spektakuläres und lautstarkes Ereignis. Ich hatte das Glück, Beifahrer zu sein, daher kam ich schneller zum Fotografieren als der Fahrer.
Tomi Muukkonen, Finnmark, Norwegen 7/2004. 300 mm +1,4 x Telekonverter, f 5.6, 1/320 s, iso 200

### Schafstelzen (*Motacilla flava*) zanken sich an der Tränke

Auf dem Weg zu ihrem Winterquartier in Afrika sammeln sich die Schafstelzen im Schwarm. Mitte September war es in Bulgarien mit 30 Grad noch heiß, und die Schafstelzen kühlten sich durch ein Bad ab. Das Gedränge an den kleinen Teichen führte zu Streitereien.
Tomi Muukkonen, Burgas, Bulgarien 9/2008. 500 mm + 1,4 x Telekonverter, f 11, 1/500 s, iso 400

### Ringeltauben (*Columba palumbus*) auf dem Herbstzug

Ende September und Anfang Oktober sammeln sich die Ringeltauben in großen Schwärmen und ziehen von Finnland in ihre Winterquartiere in Mittel- und Südeuropa. Wenn der Zug in Richtung Meer fliegt, lässt er sich am besten von den Landspitzen im Finnischen Meerbusen aus beobachten und fotografieren. Die günstigsten Voraussetzungen für das Fotografieren bietet ein klarer Morgen bei Südwind, da die Vögel dann den Weg aufs Meer im Gegenwind in niedriger Höhe einschlagen.
Markus Varesvuo, Hanko, Finnland 9/2007. 500 mm, f 8, 1/1250 s, iso 800

### Kiebitze (*Vanellus vanellus*)

Im Sommer fotografiere ich am liebsten vom Kanu aus. Anfang August hatten sich an einem Vogelsee in Mittelsavo zahlreiche Kiebitze und andere Regenpfeifer eingefunden.
Tomi Muukkonen, Tuomiojärvi-See, Pieksänmaa, Finnland 8/2007. 400mm, f 7.1, 1/6400 s, iso 400

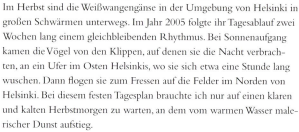

### Morgenflug der Weisswangengänse (*Branta leucopsis*)

Im Herbst sind die Weißwangengänse in der Umgebung von Helsinki in großen Schwärmen unterwegs. Im Jahr 2005 folgte ihr Tagesablauf zwei Wochen lang einem gleichbleibenden Rhythmus. Bei Sonnenaufgang kamen die Vögel von den Klippen, auf denen sie die Nacht verbrachten, an ein Ufer im Osten Helsinkis, wo sie sich etwa eine Stunde lang wuschen. Dann flogen sie zum Fressen auf die Felder im Norden von Helsinki. Bei diesem festen Tagesplan brauchte ich nur auf einen klaren und kalten Herbstmorgen zu warten, an dem vom warmen Wasser malerischer Dunst aufstieg.
Markus Varesvuo, Helsinki, Finnland 9/2005. 70 mm, f 9, 1/400 s, iso 400

### Kämpfende Küstenseeschwalben (*Sterna paradisaea*)

Die Küstenseeschwalben kämpfen vor der untergehenden Sonne in einer Sommernacht über einem See. In Küstenseeschwalbenkolonien gibt es häufig Auseinandersetzungen, und ein ausdauernder Fotograf wird mit faszinierenden Kampfbildern belohnt. Es ist ratsam, eine Tarnhütte zu verwenden, denn die Vögel gewöhnen sich sehr schnell daran.
Jari Peltomäki, Vaala, Finnland 7/2006. 500 mm, f 8, 1/2000 s, iso 400

### Zwergsäger (*Mergus albellus*)

Das Zwergsägermännchen ist mit seinem schlichten schwarzweißen Gefieder ein ausgesprochen eleganter Vogel. In Finnland findet man diese in Höhlen nistende kleine Gänsesägerart hauptsächlich im Nordosten und in Lappland.
Jari Peltomäki, Kuusamo, Finnland 5/2005. 500 mm, f 4, 1/320 s, iso 200

Alle Autoren dieses Buches sind professionelle Vogelfotografen. Gemeinsam gestalten sie die Website *www.lintukuva.fi (www.birdphoto.fi)*, über die Tausende ihrer Bilder in Büchern und führenden Vogelzeitschriften rund um die Welt veröffentlicht wurden. Sie haben auch zahlreiche Preise bei finnischen und ausländischen Naturfotografiewettbewerben gewonnen.

IMPRESSUM

Die Deutsche Nationalbibliothek verzeichnet diese Publikation in der Deutschen Nationalbibliografie; detaillierte bibliografische Daten sind im Internet über http://dnb.d-nb.de abrufbar.

Rechte der finnischen Originalausgabe
Copyright © 2009 Arto Juvonen, Tomi Muukkonen, Finnature Ltd, Lintukuva Ltd/Varesvuo und Tammi Publishers, Finnland
Fotos und Text: Arto Juvonen, Tomi Muukkonen, Jari Peltomäki und Markus Varesvuo
Originaltitel: Linnut Vauhdissa

Rechte der deutschsprachigen Ausgabe
Copyright © 2010 Frederking & Thaler Verlag GmbH, München
www.frederking-thaler.de

Übersetzung aus dem Finnischen von Gabriele Schrey-Vasara

Produktionsbetreuung: Print Company Verlagsges.m.b.H., Wien
Umschlaggestaltung: Studio Schübel Werbeagentur GmbH, München
Umschlagfoto vorne: © Markus Varesvuo
Umschlagfotos hinten: © Jari Peltomäki, Arto Juvonen, Markus Varesvuo, Tomi Muukkonen

Gesamtherstellung: GeraNova Bruckmann Verlagshaus GmbH
Printed in China

ISBN 978-3-89405-792-3

Alle Rechte vorbehalten

Der ganze oder teilweise Abdruck und die elektronische oder mechanische Vervielfältigung, gleich welcher Art, sind nicht erlaubt. Abdruckgenehmigungen für Fotos und Text in Verbindung mit der deutschsprachigen Buchausgabe erteilt der Frederking & Thaler Verlag.

### Arto Juvonen (geb. 1957)

Wohnt in Pernaja in Südfinnland. Er ist ornithologisch vielseitig interessiert und hat sich in den letzten Jahren ganz darauf konzentriert, vor allem in der näheren Umgebung seines Wohnorts Vögel zu fotografieren. Juvonen ist der verantwortliche Webmaster der Seite *birdphoto.fi*.

### Tomi Muukkonen (geb. 1958)

Wohnt in Helsinki. Von dort führten ihn seine Vogelfotografie-Reisen in weite Teile Europas und auch auf andere Kontinente. Seine Leidenschaft für Vögel, die vor 35 Jahren begann, wurde im Lauf der Jahre zum Interesse an der Vogelfotografie. Muukkonen empfindet es seit jeher als Herausforderung, alle möglichen Vögel im Flug und in Bewegung zu fotografieren.

### Jari Peltomäki (geb. 1965)

Wohnt in Liminka an der Westküste Finnlands, in der Nähe hervorragender Vogelgebiete. Peltomäki ist nicht nur ein vorzüglicher Vogelfotograf, der bei zahlreichen internationalen Wettbewerben Preise gewonnen hat, sondern auch Naturtourismus-Unternehmer. Seine Firma Finnature Ltd organisiert für ausländische Kunden Vogel- und Fotoreisen nach Finnland, Norwegen, Russland und in die baltischen Länder.

### Markus Varesvuo (geb. 1960)

Wohnt in Helsinki. Er ist derzeit der international bekannteste finnische Vogelfotograf, hat eigene Bildbände veröffentlicht und bei angesehenen Fotowettbewerben zahlreiche Preise gewonnen. Varesvuo ist auch ein hervorragender Schmetterlingskenner, konzentriert sich als Fotograf jedoch auf die Vögel Finnlands und anderer europäischer Länder.

### Danksagung

Wir danken den zahlreichen Personen und Institutionen, die uns bei der Arbeit an diesem Buch auf vielerlei Weise geholfen haben.

Die Autoren

ZWERGSÄGER
(MERGUS ALBELLUS)